V&R

Andreas Gold

Lernen leichter machen

Wie man im Unterricht mit Lernschwierigkeiten umgehen kann

Vandenhoeck & Ruprecht

Bibliografische Information der Deutschen Nationalbibliothek

Die Deutsche Nationalbibliothek verzeichnet diese Publikation in der Deutschen Nationalbibliografie; detaillierte bibliografische Daten sind im Internet über http://dnb.d-nb.de abrufbar.

ISBN 978-3-525-70194-2

Weitere Ausgaben und Online-Angebote sind erhältlich unter: www.v-r.de

Umschlagabbildung: JorgeAlejandro – Fotolia

Satz: SchwabScantechnik, Göttingen
Druck und Bindung: ⊕ Hubert & Co GmbH & Co. KG,
Robert-Bosch-Breite 6, D-37079 Göttingen

Gedruckt auf alterungsbeständigem Papier.

Inhalt

Alles gut? Leider nicht für alle!

Lernen ist leicht. Einigen Schülerinnen und Schülern fällt das schulische Lernen aber schwer. Ob und wie man ihnen das Lernen leichter machen kann, ist Thema dieses Buches. Wenn das Lernen schwerer fällt, ist das für die betroffenen Kinder und für ihre Eltern nicht ganz einfach. Auch für die Lehrerinnen und Lehrer nicht, die sich fragen mögen, woran es liegt, dass einigen Kindern das schulische Lernen nicht so gut gelingt. Auf die möglichen Ursachen von Lernschwierigkeiten werden wir später noch zu sprechen kommen. Im Wesentlichen geht es in diesem Buch aber um etwas anderes. Nämlich darum, was wir in Schule und Unterricht, durch unterrichtsadditive Fördermaßnahmen und im Elternhaus dafür tun können, um Kindern und Jugendlichen mit Lernschwierigkeiten das Lernen leichter zu machen. Dass nicht alle alles gleich gut lernen können, ist gar nicht das Problem. Sondern vielmehr, dass die Kinder und Jugendlichen mit ungünstigen Lernvoraussetzungen nicht immer eine in Form und Inhalt optimale individuelle Förderung erhalten. Denn nur dann können sie ihre Lernpotenziale ausschöpfen und das für sie Mögliche erreichen.

In den letzten Jahren ist der inklusive Unterricht in den Schulen selbst und in der Bildungsöffentlichkeit ein großes Thema. Dabei sind die Inklusionskinder – also Kinder mit sonderpädagogischem Förderbedarf in Regelschulen – nur ein vergleichsweise kleiner Teil der Kinder, die besondere Schwierigkeiten und besonderen Förderbedarf beim Lernen haben. Besondere Schwierigkeiten beim Lesen und Rechtschreiben oder beim Rechnen haben nämlich – je nach den verwendeten Definitionskriterien und je nach der gewählten Betrachtungsweise – 15 bis 20 Prozent aller Kinder und Jugendlichen. Und das sind weitaus mehr als die 2.6 Prozent, für die im Schuljahr 2013/2014 sonderpädagogischer

Förderbedarf im Förderschwerpunkt Lernen diagnostiziert wurde.[1] In einer Klasse mit 25 Kindern wird es demnach vier bis sechs Kinder geben, die einen besonderen oder einen sonderpädagogischen Förderbedarf in einem oder mehreren Lernfeldern haben. Darüber lässt sich nicht hinwegsehen.

Die feinsinnigen Begrifflichkeiten der *besonderen Schwierigkeiten* und des *besonderen Förderbedarfs* auf der einen Seite und des *sonderpädagogischen Förderbedarfs* auf der anderen haben sich die Kultusminister der Länder ausgedacht, um zwei Erscheinungsformen von Lernschwierigkeiten schulrechtlich und -organisatorisch auseinanderzuhalten: die Lernstörung und die Lernbehinderung. Später wird ausgeführt, wie es dazu gekommen ist und mit welcher Begründung. Vereinfacht gesagt, scheint die *Lernbehinderung* (heute: der sonderpädagogische Förderbedarf im Förderschwerpunkt Lernen) der gravierendere Fall, weil neben dem schulischen Leistungsversagen eine Intelligenzminderung vorliegt, also eine intellektuelle Beeinträchtigung. Traditionell waren die Sonder- oder Förderschulen für Lernhilfe dafür zuständig, den *sonderpädagogischen* Förderbedarf dieser Kinder zu decken. Bei der *Lernstörung* liegt eine intellektuelle Beeinträchtigung hingegen nicht vor, gehen die schulischen Minderleistungen der Kinder also nicht mit einer Intelligenzminderung einher. Dennoch oder gerade deshalb rechtfertigen die »unerwarteten« Lernschwierigkeiten dieser Kinder ebenfalls einen *besonderen* Förderbedarf, der traditionell im Regelschulwesen gedeckt wurde.

In der Vergangenheit ist viel Zeit darauf verwendet worden, Kinder mit einer »erwartungswidrigen« Lernstörung differenzialdiagnostisch sauber von solchen mit einer aufgrund ihrer intellektuellen Beeinträchtigung »erwartungsgemäßen« Lernbehinderung zu trennen, eben weil schulorganisatorische Entscheidungen damit verknüpft waren. Auch ab wann man überhaupt von einer Lernstörung sprechen sollte, oder ob nicht doch nur eine weniger gravierende *Lernschwäche* vorliegt, ist

1 Sonderpädagogischen Förderbedarf gibt es natürlich nicht nur im Förderschwerpunkt *Lernen* (Lernhilfe). Mit einem Anteil von 40 Prozent ist aber der Förderschwerpunkt Lernen der mit Abstand gewichtigste sonderpädagogische Förderschwerpunkt, gefolgt von *Geistige Entwicklung* (16 %), *Emotionale und soziale Entwicklung* (15 %) und *Sprache* (11 %). Für fast 500 000 Schülerinnen und Schüler ist im Schuljahr 2013/2014 sonderpädagogischer Förderbedarf in einem von insgesamt neun Förderschwerpunkten diagnostiziert worden (→ Kap. 6).

lang und breit debattiert worden. In den Legasthenie- und Dyskalkulie-Erlassen der Bundesländer und in den Verfahrensweisen zur Feststellung sonderpädagogischen Förderbedarfs spiegelt sich die Variabilität der Vorschriften, die dabei zu beachten sind. Sie sind geltendes Recht, auch wenn mit zunehmender Inklusionsorientierung eine kategoriale Diagnostik zugunsten einer interventionsorientierten künftig an Bedeutung verlieren wird. Um eine bestmögliche Förderung einzuleiten, kommt es nämlich weniger darauf an, wie intelligent ein Kind ist. Sondern darauf, dass die passenden individuellen Förderpläne entwickelt werden und auch zum Einsatz kommen, und dass sich diese Förderpläne an nachweislich wirksamen Förderprinzipien orientieren. Auch darauf, dass im Unterricht Lernschwierigkeiten möglichst frühzeitig erkannt werden, und dass es dort ein adaptives Vorgehen mit gestuften Hilfen gibt, um ihnen zu begegnen. Darüber zu berichten, ist das Hauptanliegen dieses Buches. Aktuell müssen die Eltern sowie Lehrerinnen und Lehrer aber noch damit umgehen (können), dass Kinder mit Lernschwierigkeiten zunächst einmal kategorial diagnostiziert werden – entweder als *lernschwach* oder als *lerngestört* oder als *lernbehindert.* Und damit, was daraus folgt.

Warum dieses Buch?

Auf die schulrechtlichen Verordnungen und Erlasse zum Umgang mit Lernschwierigkeiten will ich erst am Ende des Buches eingehen. Wichtiger ist, dass es wirksame und vielversprechende Fördermaßnahmen gibt, die im Unterricht und über den Unterricht hinaus eingesetzt werden können, um Kindern beim Lernen zu helfen – ihnen das Lernen leichter zu machen.

Damit kein Missverständnis aufkommt: Lernen leichter machen heißt natürlich nicht, Kindern die zum Lernen notwendige Eigentätigkeit abzunehmen oder ihnen Abkürzungen anzubieten, die ganz ohne Mühen zum Ziel führen. Es geht vielmehr darum, Wege und Hilfsmittel aufzuzeigen, die sich nutzen lassen, um dorthin zu gelangen, wohin andere Kinder auch ohne solche Hilfen gelangen können. Und die Kinder mit Lernschwierigkeiten dabei zu unterstützen, auf ihren Lernwegen soweit voranzukommen, wie es jeweils möglich ist. Wenn eines von fünf Kindern beim Lesen, Rechtschreiben oder Rechnen mit besonderen Schwierigkeiten zu kämpfen hat, dann ist das jedenfalls Veranlassung genug, sich den Fördermaßnahmen zuzuwenden, die hier Abhilfe versprechen.

Die Lösung aller Schulprobleme wird in *Lernen leichter machen – Wie man im Unterricht mit Lernschwierigkeiten umgehen kann* natürlich nicht vorgestellt. Aber es wird aus Sicht der Pädagogischen Psychologie dargelegt, dass Lernschwierigkeiten nichts Ungewöhnliches sind, weil nicht jeder alles lernen kann. Wenn wir mehr über die Ursachen von Lernschwierigkeiten wissen, können wir auch besser mit ihnen umgehen. Vorausgesetzt jedenfalls, man kennt die richtigen Förderverfahren und die Bedingungen ihrer Wirksamkeit. Die Sichtweise der Pädagogischen Psychologie auf Lernschwierigkeiten ist eine »mittlere«, zwischen einer klinisch-medizinischen und einer schulpädagogisch-didaktischen. So vermeidet sie zum einen den engen Blickwinkel der klinisch-medizinischen Tradition, die in Bezug auf die Lernstörung einem medizinischen Krankheitsbild und einer kategorialen Diagnostik verpflichtet ist. Es ist durchaus umstritten, ob eine kategoriale Diagnostik im Hinblick auf die Ursachenanalyse schulischer Minderleistungen und im Hinblick auf den Einsatz und die Wirksamkeit pädagogischer Interventionen überhaupt mit irgendwelchen Vorteilen verbunden ist. Indem sich die Pädagogische Psychologie konsequent auf die Erkenntnisse der empirischen Lehr-Lern-Forschung stützt, vermeidet sie zum anderen ein normativ-präskriptives Vorgehen, wie es in großen Teilen der Allgemeinen Didaktik vorherrschend ist. Für den Umgang mit Lernschwierigkeiten wird im Folgenden also nicht auf Modelle des Unterrichts oder didaktische Standards rekurriert, sondern auf Ergebnisse der Lehr-Lern-Forschung über die Ursachen von Lernschwierigkeiten und über die Gelingensbedingungen pädagogischer Interventionen.

Die folgenden Ausführungen klammern schulstrukturelle Aspekte genauso aus wie bildungssoziologische, -politische und -ökonomische. Das stellt diese Sichtweisen keineswegs in Frage, nur ist der Blick der Pädagogischen Psychologie vornehmlich auf das Lehr-Lern-Geschehen im Klassenzimmer und auf die individuellen Lernvoraussetzungen der Kinder gerichtet, und weniger auf das System und auf den Gesamtzusammenhang. Viel zu oft werden nämlich vorschnell Systemfragen gestellt und systemverändernde Forderungen erhoben: Gemeinschaftsschule, Ganztagsschule, Inklusion (jeweils einführen), Hausaufgaben, Klassenwiederholungen, Nachhilfe (jeweils abschaffen bzw. entbehrlich machen), Disparitäten nach Geschlecht, Zuwanderungsstatus und Sozialschicht (möglichst verringern) und Bildungsgerechtigkeit (jedenfalls erhöhen). Stets geschieht dies mit guten Absichten und wohl begründet. Den Blick auf die Lernschwierigkeiten eines einzelnen Kindes können diese Systemfragen aber leicht verstellen. Und Antworten darauf, wie man im Unterricht konkret mit den Lernschwierigkeiten von Kindern und Jugendlichen umgehen soll, geben sie auch nicht.

Wie dieses Buch aufgebaut ist

Dieser Einleitung folgen sieben Kapitel. Die letzten beiden haben zum Thema, was die Schulverwaltungen der Bundesländer zum Umgang mit den Kindern und Jugendlichen mit Lernschwierigkeiten empfehlen, und was die Lehrerinnen und Lehrer im Studium und in der Weiterbildung eigentlich bislang über Lernschwierigkeiten erfahren haben. Um die Antworten auf diese beiden Fragen vorwegzunehmen: 1) ganz Unterschiedliches und 2) noch nicht genug. Lesen sollten Sie diese beiden Abschnitte aber trotzdem.

In den anderen fünf Kapiteln geht es um die Ursachen von Lernschwierigkeiten und darum, wie man Lernschwierigkeiten diagnostizieren kann, um unterrichtliche und über den Unterricht hinausgehende Fördermaßnahmen, die sich im Umgang mit lernschwierigen Kindern bewährt haben, sowie um Möglichkeiten der Prävention schulischer Lernschwierigkeiten. Im **ersten Kapitel** wird die Frage gestellt und beantwortet, was Lernschwierigkeiten eigentlich sind und woher sie kommen. Erst wenn wir uns auf eine Definition verständigt haben, ist es sinnvoll, über die Auftretenshäufigkeiten von Lernschwierigkeiten zu sprechen. Es wird deutlich werden, dass je nach Grenzwertsetzung und Ausschlusskriterien nicht nur unterschiedlich viele, sondern auch ganz unterschiedliche Kinder und Jugendliche eine Lernstörungsdiagnose erhalten, und dass es auch bei der Feststellung sonderpädagogischen Förderbedarfs im Förderschwerpunkt Lernen einen Ermessensspielraum gibt. Je nachdem, werden es folglich weniger als zehn oder fast 20 Prozent aller Kinder und Jugendlichen sein, die eine Lernstörungsdiagnose für die Bereiche des Lesens und/oder des Rechtschreibens (Dyslexie/Legasthenie) oder des Rechnens (Dyskalkulie) erhalten. Unstrittig ist allerdings stets: Lernschwierigkeiten werden durch ein lang anhaltendes schulisches Leistungsversagen sichtbar, also durch deutliche Minderleistungen in Relation zu anderen Kindern und Jugendlichen gleichen Alters oder der gleichen Klassenstufe.

Als mögliche Ursachen von Lernschwierigkeiten kommen mehrere Faktoren in Frage, die sich, vereinfacht gesagt, in drei Bereiche gliedern lassen:

1. ungünstige individuelle Lernvoraussetzungen,
2. ungünstige Rahmenbedingungen des Lernens und Lehrens und
3. eine mangelnde Adaptivität des schulischen Unterrichts.

Dazu gibt es Risikofaktoren familiärer, sozioökonomischer und schulstruktureller Art, die das Entstehen von Lernschwierigkeiten begünstigen, ihren Schweregrad beeinflussen und sie aufrechterhalten können. Ebenso wie es Resilienzfaktoren gibt, die davor schützen, dass es zu Lernschwierigkeiten kommt. Aus pädagogisch-psychologischer Sicht sind die wahrscheinlichen Ursachen von Lernschwierigkeiten vor allem im Bereich der individuellen Lernvoraussetzungen zu finden.

Wie findet man eigentlich heraus, welche Kinder und Jugendlichen Lernschwierigkeiten haben und damit einer besonderen Förderung bedürfen? Eigentlich eine merkwürdige Frage, ist doch, wie gerade erwähnt, die manifeste schulische Minderleistung – das anhaltende Leistungsversagen – ein nicht zu übersehender Indikator dafür, dass das Lernen schwerer fällt. Dennoch bedarf es der Objektivierung des augenscheinlich leicht Sichtbaren. Dabei geht es nicht etwa darum, die Leistungsbewertungen der Lehrerinnen und Lehrer in Frage zu stellen. Sondern um eine zuverlässige Einordnung und Verortung des individuellen Leistungsversagens in einen größeren (Vergleichs-)Rahmen als in jenen der eigenen Schulklasse oder Schule: Wie schlecht sind die Lese-, Rechtschreib- oder Rechenleistungen eines Kindes wirklich im Vergleich zu den Leistungen in einer Normstichprobe von Kindern gleichen Alters und/oder der gleichen Klassenstufe?

Es gibt auch unter Wissenschaftlern unterschiedliche Auffassungen darüber, wie weit eine Minderleistung von einer Norm abweichen muss, bevor wir von einer Lernstörung oder gar von einer Lernbehinderung sprechen. Im **zweiten Kapitel** wird das behandelt. Dort wird auch ausgeführt, welche Testverfahren zur Schulleistungsdiagnostik eingesetzt werden, und dass es nicht allzu schwierig ist, sie anzuwenden. Meist tritt zur Diagnostik der Lese-, Rechtschreib- oder Rechenleistung noch eine Intelligenzdiagnostik hinzu. Das hat damit zu tun, dass viele Wissenschaftler (und die meisten Kultusbehörden) der Auffassung sind, dass eine unterdurchschnittliche Intelligenz zwar konstitutiv für eine *Lernbehinderung* (den sonderpädagogischen Förderbedarf im Bereich Lernen) sei, aber eben gerade nicht für eine Lernstörung (den besonderen Förderbedarf im Lesen, Rechtschreiben oder Rechnen). Mehr noch: Traditionell betrachtet man die *Lernstörung* (Dyslexie/Legasthenie/Dyskalkulie) als ein besonders unerwartetes schulisches Leistungsversagen, weil doch die (vergleichsweise gute) Intelligenz der Betroffenen so deutlich davon diskrepant ist. Diese Sichtweise ist allerdings mittlerweile umstritten. Unausgesprochen impliziert sie im Übrigen, dass es sich bei den Kindern mit einer Lernstörung – im Vergleich zu den lernbehinderten Kindern – um die »interessantere« Gruppe handelt, weil es bei ihnen »wider Erwarten« trotz einer normalen Intelligenz zu schulischen Minderleistungen gekommen ist. Es sind unzählige Debatten darüber geführt worden, wie sehr der Intelligenztestwert eines Kindes seinen Schulleistungstestwert übertreffen muss, damit eine Lernstörungsdiagnose erfolgen kann. Verständlich wird das nur, wenn man weiß, dass mit der Störungsdiagnose – wie mit der Zuschreibung einer Behinderung übrigens auch – eine Reihe von »Vorteilen« verbunden sind (→ Kap. 6).

Kindern und Jugendlichen mit Lernschwierigkeiten im Unterricht gerecht zu werden, erfordert eine Reihe allgemeinpädagogischer und sonderpädagogischer Basiskompetenzen für den professionellen Umgang mit Differenz. Dazu Kenntnisse und Fertigkeiten im Bereich der pädagogischen Diagnostik und der vielfältigen Möglichkeiten individueller Förderung und adaptiven Unterrichtens. Darauf wird im **dritten Kapitel** eingegangen.

Im Umgang mit Lernschwierigkeiten kommt es zunächst einmal darauf an, die grundlegenden Dimensionen der Unterrichtsqualität zu beachten, das heißt, für eine kognitiv aktivierende und zugleich emotional unterstützende Lehr-Lern-Situation zu sorgen; dabei zudem die Grundregeln einer störungspräventiven Klassenführung zu beachten und die individuellen Lernfortschritte der Kinder kontinuierlich zu verfolgen. Unterrichtsforscher betrachten dies als den Kern guten Unterrichts: Die Kinder zum Denken anregen, ihre Lernprozesse individuell unterstützen, ihre Lernfortschritte kleinteilig beobachten und ihnen sachbezogen rückmelden sowie diese Art der Lernverlaufsdiagnostik für die eigene weitere Unterrichtsplanung nutzen – unter Gewährleistung einer weitgehend störungsfreien Lernumgebung. Es ist vielfach belegt, dass gerade die lernschwächeren Kinder und Jugendlichen in besonderer Weise davon profitieren, wenn diese Qualitätsdimensionen guten Unterrichts realisiert sind. In *Guter Unterricht. Was wir wirklich darüber wissen* ist das Wichtigste zu den Dimensionen der Unterrichtsqualität zusammengefasst.[2]

Guter Unterricht ist aber nicht genug. Kinder mit Lernschwierigkeiten müssen mehr und engmaschiger gefördert werden als andere Kinder. Durch ein lernziel-, lehrmethoden- und lernzeitadaptives Vorgehen kann das erreicht werden. Gemeint ist damit, dass Kinder mit Lernschwierigkeiten a) mehr Zeit bekommen als andere Kinder, um etwas zu lernen, dass b) andere methodische Zugangswege genutzt werden, und dass c) differenzierte Aufgabenanforderungen gestellt werden. Seit einigen Jahren haben sich didaktische Konzepte bewährt, die auf abgestuften Unterstützungshierarchien und kleinschrittiger Lernverlaufsdiagnostik basieren. Möglichst frühzeitig wird dabei individueller Unterstützungsbedarf erkannt und – zunächst im Regelunterricht – durch individuell angepasste Fördermaßnahmen befriedigt. Reichen solche Maßnahmen nicht aus, werden intensivere Fördermaßnahmen veranlasst. Erst ganz am Ende der Maßnahmenkette wird eine separate Förderung in besonderen Einrichtungen erwogen – also ein ganz anderes Vorgehen als es beim herkömmlichen Feststellungsverfahren sonderpädagogischen Förderbedarfs der Fall ist.

Im **vierten Kapitel** wird ausgeführt, dass es zwar eine große Anzahl von Förderprogrammen gibt, die Abhilfe bei Lese-Rechtschreib- oder bei Rechenschwierigkeiten versprechen, aber nur wenige, deren Wirksamkeit in kontrollierten Interventionsstudien überprüft wurde. Einige der nachweislich wirksamen Förderprogramme werden vorgestellt. Ihnen ist gemeinsam, dass sie *symptomspezifisch* ausgerichtet sind, also direkt an den beeinträchtigten Lese-, Rechtschreib- oder Rechenprozessen ansetzen. Das sind Lesetrainings, die auf der Phonem- oder Silbenbasis zum Erlernen des alphabetischen Prinzips beitragen, Leseflüssigkeitstrainings, regel- und lautgeleitete Rechtschreibtrainings und Rechentrainings zum Erwerb basisnumerischer Kompetenzen. *Symptomunspezifische* Funktionstrainings, wie z. B. Wahrnehmungs- oder Aufmerksamkeitstrainings, neuropsychologische Stimulationsverfahren unterschiedlicher Art sowie medi-

2 Gold (2015a).

kamentöse oder alternativmedizinische Verfahren haben sich dagegen nicht als wirksam erwiesen. Wichtig ist, dass der Einleitung individueller Fördermaßnahmen eine verlässliche Individualdiagnostik vorausgeht, und dass es eine begleitende Verlaufsdiagnostik gibt, um die Wirksamkeit der pädagogischen Interventionen kontinuierlich zu überprüfen.

Die *besonderen* (meist unterrichtsadditiven) Fördermaßnahmen müssen nicht notwendigerweise außerhalb der Schule durchgeführt werden, ganz im Gegenteil. Gemeint ist mit *unterrichtsadditiv* vielmehr, dass Umfang und Intensität der Einzel- oder Kleingruppenförderung oft den Rahmen dessen übersteigen, was innerhalb des Regelunterrichts noch möglich ist. Zusatzkurse, Intervallförderung und besondere individuelle Förderpläne sind probate Mittel schulischer Lernhilfe zusätzlich zum Regelunterricht. Hinzu kommen außerschulische Unterstützungsmaßnahmen unterschiedlicher Professionalität. Es gibt Hinweise darauf, dass die Trainingseffekte höher ausfallen, wenn die Fördermaßnahmen *nicht* von den Eltern der Kinder und Jugendlichen, von Mitschülerinnen und Mitschülern oder von anderen, nicht eigens dafür ausgebildeten Personen, durchgeführt werden.

Im **fünften Kapitel** geht es um die Prävention von Lernschwierigkeiten. Es steht fest, dass bereits in der Kindergartenzeit wichtige Vorläuferfertigkeiten des späteren mathematischen Lernens und des Schriftspracherwerbs ausgebildet werden, und dass gezielte Anregungen und systematische Anleitungen dabei hilfreich sind. Ebenso, dass es bei den Vier- bis Sechsjährigen besonders lohnend ist, besondere Fördermaßnahmen einzusetzen, um spezifischen Risiken der schriftsprachlichen und mathematischen Kompetenzentwicklung entgegenzuwirken. Hier bedarf es allerdings geeigneter diagnostischer Verfahren, die eine frühzeitige Identifikation von Risikolagen ermöglichen.

Insgesamt werden die Kindergartenjahre viel mehr als noch vor einiger Zeit unter einem schulvorbereitenden, die Schulbereitschaft fördernden, Aspekt betrachtet. In den Bildungsplänen der Bundesländer und in den dort aufgeführten Lern-, Erfahrungs- oder Entwicklungsbereichen spiegelt sich das wider – auch wenn Begrifflichkeiten wie Schulvorbereitung oder Schulfähigkeit dort weitgehend gemieden werden. Im Selbstverständnis der die Kinder betreuenden Einrichtungen ist es nämlich nicht unumstritten, welcher Stellenwert den schulvorbereitenden Aktivitäten im Vergleich zu anderen Bildungs- und Erziehungsaufgaben zukommt.

Werden Kinder eingeschult, die noch nicht schulbereit sind, können Lernschwierigkeiten die Folge sein. Nicht selten wird deshalb eine gelungene Schuleingangsphase als Qualitätsnachweis der zuvor in den Kindergärten geleisteten elementarpädagogischen Arbeit betrachtet. Wichtige Entwicklungsvoraussetzungen eines gelingenden Schulanfangs sind – neben den bereits angesprochenen Vorläuferfertigkeiten im schriftsprachlichen und im mathematischen Bereich – vor allem die sprachlichen Kompetenzen eines Kindes, seine Aufmerksamkeits- und Konzentrationsfähigkeit, seine Ausdauer und Leistungsbereitschaft, die Fähigkeit zur Selbstregulation sowie die Kommunikations- und Kooperationsbereitschaft. All dies wird in der elementarpädagogischen Arbeit gefördert.

Aufgrund der zentralen Bedeutung von Sprache für das schulische Lernen gelten sprachliche Defizite als ein gravierender Risikofaktor der schulischen Leistungsentwicklung. Die Notwendigkeit einer frühen Sprachförderung ist deshalb unstrittig, auch wenn über die inhaltlichen Konzepte und im Hinblick auf die Wirksamkeit einzelner Förderprogramme wenig Einigkeit besteht. Um späteren Lernschwierigkeiten vorzubeugen, müssen Kinder mit sprachlichen Defiziten – ganz gleich, ob sie aus Sprachentwicklungsstörungen oder aus einer zu geringen Kontaktdauer mit der deutschen Sprache resultieren – möglichst früh und intensiv gefördert werden. Wo nötig, muss diese Förderung auch über den Schuleintritt hinaus fortgesetzt werden.

Wie bereits erwähnt, wird im **sechsten Kapitel** berichtet, was in den schulrechtlichen Verordnungen und Erlassen der 16 Bundesländer steht, die sich auf den Umgang mit Kindern und Jugendlichen mit besonderen Schwierigkeiten im Lesen, Rechtschreiben oder Rechnen beziehen. Die Recherchen dazu waren erstaunlich aufwendig. Dabei geht es doch um recht einfache Fragen:

1. Wie werden die besonderen Schwierigkeiten beim Lesen/Rechtschreiben und im Rechnen (sowie der sonderpädagogische Förderbedarf im Bereich Lernen) genau definiert?
2. Wie sieht das diagnostische Vorgehen aus und wer ist damit betraut?
3. Welche Fördermaßnahmen sind vorgesehen?
4. Wie weit und wie lange dürfen die Lehrerinnen und Lehrer durch (nachteils-)ausgleichende Maßnahmen den Kindern und Jugendlichen mit Lernschwierigkeiten im Unterricht »entgegenkommen«, und inwieweit dürfen sie dabei von allgemeinen Grundsätzen der Leistungsbewertung abweichen?

Die Sachlage ist ausgesprochen komplex und bleibt auch auf den zweiten und dritten Blick unübersichtlich. Als schlechtes Zeichen eines ausufernden Bildungsföderalismus ist das aber nicht unbedingt zu werten. Ungünstiger wäre, es existierte eine zwar einheitliche, aber nicht sachgerechte Maxime als Richtschnur pädagogischen Handelns. So ist zu erwarten, dass es unter den 16 Verordnungen und Erlassen die eine oder andere Richtlinie geben mag, die dem wissenschaftlichen Kenntnisstand über Lernschwierigkeiten zutreffend Rechnung trägt, und dass sich aus der Vielfalt der Konzeptionen die sachgemäße herausmendeln wird.

Dass sich die Bundesländer so sehr in ihren Vorgaben und Richtlinien voneinander unterscheiden, darf schon deshalb nicht überraschen, weil sich die Wissenschaftler selbst – innerhalb der beteiligten Disziplinen und erst recht disziplinübergreifend – wenig einig darin sind, was sie unter Lernschwierigkeiten verstehen wollen (→ Kap. 1) und wie mit ihnen umzugehen sei. So kommt es beispielsweise, dass in einigen Bundesländern die Rechenschwierigkeiten analog zu den Lese- und Rechtschreibschwierigkeiten behandelt werden, in anderen Bundesländern aber gar keinen oder nur bis zum Ende der Grundschulzeit einen Anspruch auf besondere Förderung auslösen. Skurril mutet bisweilen an, dass sich die schulrechtlichen Verordnungen und Erlasse eines beliebig erscheinenden Sprachgebrauchs bedienen. Da ist in völligem Durcheinander innerhalb und zwischen den Verordnungen und Erlassen von besonderen Schwierigkeiten, Schwächen oder Störungen die Rede – auch von Legasthenie und Dyskalkulie – und die unterschiedlichen Begriffe können wahlweise Gleiches bezeichnen oder Verschiedenes. Und auch gleiche Begriffe bezeichnen nicht immer Gleiches, sondern gelegentlich auch Unterschiedliches. Alles klar?

Eine gewisse Unsicherheit unter den Lehrerinnen und Lehrern dürfte also eher die Regel als die Ausnahme sein, zumal sich die Verordnungen und Erlasse in den Bundesländern immer wieder ändern. Die angehenden Lehrerinnen und Lehrer sollten im Laufe ihres Studiums mehr als bislang über *Lernschwierigkeiten und wie man im Unterricht damit umgehen kann,* erfahren. Zwar müssen sie die in ihrem Bundesland geltenden Vorschriften kennen und beachten, aber es ist nützlich, dies auf der Grundlage eines Kenntnisstandes zu tun, der auf den wichtigsten Befunden der wissenschaftlichen Lehr-Lern-Forschung gründet. Nichts ist für die praktische pädagogische Arbeit so wichtig wie eine gute Theorie, die sie begründet!

Im abschließenden **siebten Kapitel** wird in diesem Sinne argumentiert. Den Erscheinungsformen und Ursachen von Lernschwierigkeiten müssen in den Studienprogrammen der Lehrämter genügend viele Lehrangebote gewidmet sein, auch den Möglichkeiten der unterrichtlichen und unterrichtsadditiven Intervention. Dazu gehört, dass die angehenden Lehrerinnen und Lehrer diagnostische Kompetenzen erwerben, die sich mehr als bislang auf die Prinzipien und Verfahren der Lernverlaufsdiagnostik erstrecken. Wo das in der grundständigen Ausbildung nicht in ausreichender Weise geschehen kann, sind Veranstaltungen der Lehrerfortbildung ein geeignetes Format. Überhaupt ist die Vorstellung abwegig, in der ersten, der universitären Ausbildungsphase könnten die für das erfolgreiche Unterrichten erforderlichen Kompetenzen schon weitgehend erworben werden. Erst im Anschluss an Praxiserfahrungen wissen die Lehrerinnen und Lehrer oftmals, was sie von der Wissenschaft eigentlich noch wissen wollen, um ihr unterrichtliches Handeln reflektierend weiter zu entwickeln.

Es wird ein Kerncurriculum skizziert, das die wichtigsten Kompetenzen beschreibt, die im unterrichtlichen Umgang mit Lernschwierigkeiten (und im inklusiven Unterricht) notwendig sind. Soweit es die universitäre Ausbildung betrifft, wird es dabei im Wesentlichen um die Vermittlung deklarativen Wissens gehen. Aufgrund ihres vergleichsweise geringen Ausbildungsanteils kann die Pädagogische Psychologie die betreffenden Studienanteile natürlich nicht allein verantworten – sie müssen von der Erziehungswissenschaft und von den Fachdidaktiken mit getragen werden.

1 Was Lernschwierigkeiten sind und woher sie kommen

Wenn Kindern und Jugendlichen – oder auch Erwachsenen, aber das bleibt in diesem Buch weitgehend ausgeklammert – das (schulische) Lernen nicht so gut gelingt, wie sie sich das selbst vorstellen oder wie es von ihnen erwartet wird, sprechen wir von Lernschwierigkeiten. Allerdings erst dann, wenn die Leistungserwartungen der Schule, die subjektiven Vorstellungen der Lerner und ihre tatsächlichen Lernleistungen nicht gänzlich im Belieben bleiben, sondern in bestimmter Weise aufeinander bezogen sind: *Nur wer über längere Zeit und in erheblichem Maße Probleme beim schulischen Lernen hat, hat Lernschwierigkeiten.* Wo hingegen gewöhnlich 14 oder 15 Punkte erzielt werden, einmal aber nur neun, mögen das zwar die betreffenden Schülerinnen und Schüler und ihre Eltern sowie ihre Lehrerinnen und Lehrer als misslichen Leistungseinbruch wahrnehmen – die Bezeichnung Lernschwierigkeiten wäre hier aber fehl am Platz. Darum hat man sich auf den Begriff der »Minderleistung« verständigt, wenn es um Lernschwierigkeiten geht. In schulischen Zusammenhängen ist es üblich, die individuellen Minderleistungen in Relation zu (sozialen) Alters- oder Klassennormen zu betrachten.[3] Also als Abweichung von den mittleren Leistungen anderer

3 Werner Zielinski (1995) spricht im Hinblick auf die Minderleistungen von drei möglichen Bezugsnormen: einer sozialen, einer institutionellen und einer individuellen. Die soziale Bezugsnormorientierung ist dabei die gebräuchlichste und testdiagnostisch übliche Vorgehensweise. Sie bleibt allerdings mit dem Nachteil der Relativität verhaftet. Bezugspunkt der Leistungsbeurteilung Einzelner sind nämlich immer die Leistungen der anderen. Institutionell-sachlich begründete (kriteriale) Bezugsnormen kommen ohne soziale Vergleiche aus. Wer die vorgegebenen Leistungsanforderungen nicht erfüllt, hat Lernschwierigkeiten. Früher hat man dabei vor allem die unterschiedlichen (Leistungs-)Anforderungen der verschiedenen Schulformen

Kinder gleichen Alters oder der gleichen Klassenstufe bzw. Schulform. Wie groß muss nun der Grad der Normabweichung sein?

Vom Eigenleben der Begriffe

Lernschwierigkeiten manifestieren sich – wie gesagt – in schulischen Minderleistungen. Wo Leistungsanforderungen nicht erfüllt werden, also die Kenntnisse und Fertigkeiten unzureichend bleiben, wird sich das rasch in negativen Beurteilungen und schlechten Noten niederschlagen. Schwierig genug, sich darüber zu verständigen, ab wann wir von einer schulischen Minderleistung sprechen wollen. Noch schwieriger, wenn neben der Minderleistung im Lesen, im Rechtschreiben oder im Rechnen weitere Kriterien gefordert werden. Und wenn eigentlich unscharfe Begriffe wie Seziermesser benutzt werden, um Lerner einzugrenzen, auszuschließen und zu kategorisieren.

Am Beispiel der *Lese-Rechtschreibschwierigkeiten* lässt sich gut illustrieren, wie mit subtil aufgeladenen Begriffen Verwirrung gestiftet werden kann. Wo die Konferenz der Kultusminister treffend und mit Bedacht schon seit vielen Jahren nur von den »besonderen Schwierigkeiten im Lesen und Rechtschreiben« spricht, ist andernorts entweder von den Lese-Rechtschreibstörungen und/oder -schwächen die Rede oder von Dyslexie und/oder Legasthenie, wenn es um jene Kinder geht, die trotz ausreichender Intelligenz größere Schwierigkeiten mit dem Lesen und in der Rechtschreibung haben. Besonders verwirrend: Manchmal werden diese Begriffe mit unterschiedlichen Bedeutungen verwendet, manchmal werden sie synonym gebraucht.

Dyslexia (Schwierigkeiten mit dem Lesen geschriebener Wörter) ist ein im englischen Sprachraum benutzter Begriff zur Kennzeichnung von Problemen mit dem Lesen und Verstehen von Wörtern und Texten – bei Personen mit einer ausreichenden Intelligenz. Wird er im Deutschen verwendet (Dyslexie), geschieht dies meist bedeutungsgleich mit dem Begriff der Legasthenie und schließt Probleme bei der Rechtschreibung mit ein. *Legasthenie* ist der lange Zeit ausschließlich im deutschen Sprachraum bevorzugte Begriff zur Kennzeichnung des gestörten Schriftsprach-

im Sinn gehabt – heute sind es die Bildungsstandards. Auf die individuellen Bezugsnormen werden wir im Zusammenhang mit der Lernverlaufsdiagnostik noch zu sprechen kommen.

erwerbs, also der Probleme mit dem Lesen und Verstehen von Wörtern und Texten und mit der Rechtschreibung – bei Personen mit einer ausreichenden Intelligenz. Von einer Asthenie (Schwäche) – man denke bei diesem Wort etwa an die zu Beginn des 20. Jahrhunderts in der gehobenen Gesellschaft oft diagnostizierte Nervenschwäche (Neurasthenie) – spricht man eigentlich nur in klinisch-medizinischen Zusammenhängen. So wird die Schwierigkeit mit dem Lesen und Schreiben rasch zur Krankheit.

Die Grundschulpädagogin Renate Valtin hat wiederholt und zu Recht dargelegt, weshalb man den Begriff der Legasthenie und – wichtiger noch – das dahinter stehende Konstrukt der intelligenzdiskrepanten Beeinträchtigung beim Lesen und Schreiben in schulischen Zusammenhängen tunlichst meiden sollte.[4] Allerdings ohne nachhaltigen Erfolg, denn sowohl der Begriff der Legasthenie als auch das ihm zugrunde liegende Konstrukt einer intelligenzdiskrepanten schriftsprachlichen Minderleistung erwiesen sich als ausgesprochen resistent.

Ach so, heißt es dann, das Kind ist Legastheniker! Der Legasthenie-Begriff wird rasch zur medizinischen Erklärung der schwachen Lese- und Rechtschreibleistung, sofern die betroffenen Kinder und Jugendlichen eine mindestens durchschnittliche Intelligenz aufweisen. Erklärt wird damit aber gar nichts. Hingegen mit einer gewissen Erleichterung konstatiert, dass es mit einer Intelligenzminderung offenbar nichts zu tun hat, dass die Betroffenen solche Schwierigkeiten mit dem Lesen und Schreiben haben! Die Logik dieser Argumentation ging lange Zeit einher mit der Auffassung, organische Dysfunktionen seien für die Beeinträchtigungen des Schriftspracherwerbs verantwortlich und die Legastheniker ließen sich aufgrund typischer Lese- und Schreibfehler oder anhand anderer Besonderheiten, wie einer ausgeprägten Raumlagelabilität und einer linkshemisphärischen Dominanz, von anderen lese- und rechtschreibschwachen Kindern abgrenzen. Das ist aber nicht der Fall. Legastheniker machen keine besonderen, sondern einfach besonders viele Fehler. Wie andere Kinder mit Lese-Rechtschreibschwierigkeiten auch. Ihren schriftsprachlichen Minderleistungen liegen keine anderen Ursachen zugrunde und für die Erfolgsaussichten therapeutischer Maßnahmen ist es ebenfalls unerheblich, ob eine Legasthenie diagnostiziert worden ist oder nicht.

4 Valtin (2001); Naegele & Valtin (2003).

Gut zu wissen: Fünf Fakten über Lernschwierigkeiten

1. *Lernschwierigkeiten* manifestieren sich in schulischen Minderleistungen. Auch schlechte Noten, Klassenwiederholungen oder ein Schulabbruch sind Hinweise auf Lernschwierigkeiten. Lernschwierigkeiten erfordern Maßnahmen individueller Förderung im Unterricht und meist auch darüber hinaus.
2. Um Lerner mit schulischen Minderleistungen und mit einer intellektuellen Beeinträchtigung besonders zu kennzeichnen, war früher der Begriff *Lernbehinderung* gebräuchlich. Heute spricht man vom *sonderpädagogischen Förderbedarf im Bereich Lernen.* Das Feststellungsverfahren sonderpädagogischen Förderbedarfs ist schulrechtlich geregelt.
3. Der Begriff *Lernstörung* ist in der klinisch-medizinischen Tradition und in der Psychologie gebräuchlich. Im *weiteren Sinne* kennzeichnet er die erwartungswidrige schulische Minderleistung (erstes Diskrepanzkriterium) bei ausreichender Intelligenz. Erwartungswidrig ist die Minderleistung, weil sie - anders als bei der Lernbehinderung - nicht mit einer intellektuellen Beeinträchtigung einhergeht. Im *engeren Sinne* kennzeichnet er schulische Minderleistungen, die sich durch eine besonders große Diskrepanz zur allgemeinen Intelligenz auszeichnen (zweites Diskrepanzkriterium). Oft werden hierfür auch die Begriffe Legasthenie, Dyslexie oder Dyskalkulie verwendet.
4. Der Begriff *Lernschwäche* wird verwendet, wenn die schulischen Minderleistungen und die (zumindest ausreichende) allgemeine Intelligenz nicht so weit auseinander liegen, dass auch das zweite Diskrepanzkriterium einer Lernstörung erfüllt ist. Der Begriff wäre entbehrlich, wenn man eine Lernstörung grundsätzlich als eine Lernstörung im weiteren Sinne betrachten würde.
5. In diesem Buch wird meist der Begriff *Lernschwierigkeiten* verwendet. Er entspricht dem Begriff der *besonderen Schwierigkeiten,* wie ihn die Konferenz der Kultusminister (KMK) für Kinder mit schulischen Minderleistungen verwendet. Er schließt aber auch die Kinder mit einem sonderpädagogischen Förderbedarf ein, bei denen die schulischen Minderleistungen mit einer intellektuellen Beeinträchtigung einhergehen.

Der Begriff der Legasthenie/Dyslexie wird häufig gleichbedeutend mit dem in der klinisch-medizinischen Tradition gebräuchlichen Begriff der *Lese-Rechtschreibstörung* verwendet, heute aber mehr beschreibend als erklärend. Wo er – was seltener vorkommt – als Synonym für den Begriff der *Lese-Rechtschreibschwäche* Verwendung findet, wäre eine definitorische Klarstellung hilfreich, ob unter einer Schwäche etwas anderes als unter einer Störung zu verstehen sei, und wenn ja, was genau. Besser wäre es, bei der Umschreibung und Definition von Schwierigkeiten beim Lesen und Rechtschreiben auf Begriffe wie Legasthenie und Dyslexie ganz zu verzichten, um das in Frage stehende Phänomen nicht mit (tradierten) Annahmen über seine Ursachen zu überfrachten. Und wenn man schon – wie es in der Psychologie und in der klinisch-medizinischen Tradition üblich ist – von Lernstörungen und -schwächen spricht, sollte zumindest deutlich werden, was genau darunter zu verstehen ist. Dass die beliebte Abkürzung LRS für die einen die Lese-Rechtschreib-Schwierigkeit bezeichnet, für die anderen die Lese-Rechtschreib-Schwäche und für wieder andere die Lese-Rechtschreib-Störung, erschwert überdies die Verständigung – zumindest dann, wenn man die Begrifflichkeiten nicht ohnehin für austauschbar hält.

Nun könnte es den Lehrerinnen und Lehrern im Grunde egal sein, ob sich die unterschiedlichen wissenschaftlichen Disziplinen auf eine gemeinsame Sprachregelung in Bezug auf Kinder mit besonderen Schwierigkeiten beim Lesen, Rechtschreiben und Rechnen einigen können oder nicht – und ob sich nicht wenigstens innerhalb der Psychologie, der Schulpädagogik und der Medizin ein Konsens darüber erzielen lässt, wie man die besonderen Schwierigkeiten denn eigentlich benennen und definieren will. Allerdings werden die Lehrerinnen und Lehrer in den Verwaltungsvorschriften ihrer Bundesländer mit den oben genannten Begrifflichkeiten konfrontiert – so wie sie es mit interessierten und betroffenen Eltern zu tun haben, die mit den schulrechtlich relevanten Begrifflichkeiten ebenfalls operieren. Ein Wegweiser durch das Labyrinth der Begriffe ist also hilfreich.

Minderleistungen

Konstitutiv für eine Lernschwierigkeit ist eine schulische Minderleistung im Lesen, im Rechtschreiben oder im Rechnen – wobei diese Minderleistungen natürlich auch in Kombination auftreten können. Wo standardisierte psychometrische Testverfahren zur Feststellung schulischer Minderleistungen Verwendung finden, sollte eine negative Abweichung von 1.5 Standardeinheiten von der Alters- oder Klassennorm als Indikator der Minderleistung betrachtet werden (→ Kap. 2). Schülerinnen und Schüler mit solchen bzw. noch schlechteren Lese-, Rechtschreib- oder Rechenleistungen gehören jeweils zu den schwächsten sieben Prozent ihrer Vergleichsgruppe (PR < 7).[5] Natürlich ist diese Grenzziehung willkürlich: Nimmt man 1.0 Standardabweichung als Kriterium der Minderleistung, resultierten gut 16 Prozent Kinder und Jugendliche mit einer Lernschwierigkeit, bei 2.0 Standardabweichungen wären es nur drei Prozent. Die hier – und auch im diagnostischen Klassifikationssystem DSM-5[6] – vorgeschlagenen 1.5 Standardabweichungen bieten eine vernünftige Richtschnur, die weder einer Verharmlosung der Problematik, noch einer übertriebenen Pathologisierung das Wort redet.

So weit, so einfach! Nun kommt aber die *Intelligenz* ins Spiel – und zwar in zweierlei Hinsicht. Zum einen, um unter den Kindern und Jugendlichen mit schulischen Minderleistungen jene zu identifizieren, die zugleich eine intellektuelle Beeinträchtigung aufweisen *(Lernbehinderung).* Dahinter steckt nicht nur die Vorstellung, eine intellektuelle Beeinträchtigung sei eine plausible Erklärung für die schulische Minderleistung, weil doch die kognitiven Fähigkeiten ein wichtiger Prädiktor der Schulleistung sind. Sondern auch die Auffassung, dass Kinder mit einer intellektuellen Beeinträchtigung beim Lernen in besonderer Weise »behindert« seien und somit einen besonderen, genauer gesagt einen sonderpädagogischen Förderbedarf im Bereich Lernen hätten. Ab wann man von einer intellektuellen Beeinträchtigung sprechen mag, ist wiederum eine Frage der anzulegenden Grenzwerte. Die diagnostischen Manuale sind hier übereinstimmend eindeutig und gehen bei IQ-Werten unter 70 (PR < 3) von einer intellektuellen Beeinträchtigung aus. Bei einer Diagnostik mit standardisierten Intelligenztests wären weniger als drei Prozent aller Intelligenztestwerte in diesem Bereich zu erwarten. Diese Kinder und Jugendlichen haben demnach einen sonderpädagogischen

5 Ein Prozentrang PR = 20 bedeutet beispielsweise, dass 20 Prozent der Schülerinnen und Schüler der Vergleichsgruppe gleich gute oder schlechtere Leistungen erzielen. Im Umkehrschluss bedeutet dies, dass 80 Prozent eine bessere Leistung erzielen (→ Kap. 2).

6 DSM-5 = Diagnostisches und Statistisches Manual Psychischer Störungen (Falkai & Wittchen, 2015).

Förderbedarf im Bereich Lernen – sofern sie zuvor durch schulische Minderleistungen auffällig geworden sind. Allerdings hat der Deutsche Bildungsrat in den 1970er-Jahren den Bereich der so genannten »grenzwertigen Intelligenz« – gemeint sind IQ-Werte zwischen 70 und 85 – großzügig hinzugerechnet und damit den deutschen Sonderweg einer separaten Förderschule (für Lernbehinderte) nachhaltig gesichert. Als »lernbehindert« wurden deshalb lange Zeit auch jene Kinder mit schulischen Minderleistungen diagnostiziert, die eine solche grenzwertige Intelligenz aufwiesen.

Zum anderen spielt die Intelligenz bei der *Lernstörungsdiagnostik* eine wichtige Rolle. Mag man das Kriterium der Intelligenzminderung noch akzeptieren, um eine kleine Teilgruppe der Kinder und Jugendlichen mit schulischen Minderleistungen als »lernbehindert« zu kennzeichnen,[7] so scheint es hingegen fragwürdig, wenn unter den intellektuell nicht beeinträchtigten Kindern und Jugendlichen oft noch eine weitere Differenzierung vorgenommen wird. Genau dies ist aber lange Zeit geschehen und ist in der klinisch-medizinischen Praxis weiterhin verbreitet. Von einer *Lernstörung* (spezifischer: von einer Lese-, Rechtschreib- oder Rechenstörung) spricht das gebräuchliche medizinische Klassifikationssystem psychischer Störungen ICD-10[8] (Kapitel V [F]) nämlich erst dann, wenn die Intelligenz der Kinder nicht nur »normal« ausgeprägt, sondern auch hinreichend weit (meist werden 2.0 oder 1.5 Standardabweichungen genannt) von der schulischen Minderleistung dieser Kinder entfernt ist. Dies wird als »zweites« oder als »doppeltes« Diskrepanzkriterium bezeichnet. Zur Erinnerung: Die erste Diskrepanz bestand darin, dass die schulischen Leistungen von den Alters- oder Klassennormen abwichen. Die zweite Diskrepanz besagt nun, dass die Minderleistungen im Lesen, Rechtschreiben oder Rechnen deutlich von der Intelligenz eines Kindes verschieden sind – und damit umso weniger zu erwarten waren! Wird bei der Störungsdiagnostik dieses zweite Diskrepanzkriterium verfehlt, werden die Kinder in der ICD-10-Logik als

7 Ob es angesichts einer zunehmend inklusiven Beschulung von Kindern und Jugendlichen mit sonderpädagogischem Förderbedarf noch angebracht ist, diesen im Sinne des herkömmlichen Feststellungsverfahrens weiterhin zu diagnostizieren, steht dahin. Bereits jetzt sind die von der Konferenz der Kultusminister veröffentlichten Förderquoten nur noch bedingt aussagekräftig, weil einige Bundesländer in der inklusiven Grundschule auf ein Feststellungsverfahren verzichten (Klemm, 2015).

8 ICD-10 = International Classification of Diseases (Dilling, Mombour & Schmidt, 2014).

lese-, rechtschreib- oder rechen*schwach* bezeichnet. Einen eigenen Diagnoseschlüssel gibt es dafür allerdings nicht. Die meisten Wissenschaftler plädieren mittlerweile für einen Verzicht auf diese Intelligenzdiskrepanz.

Ganz gleich, wie man die Kinder mit ausgeprägten schulischen Minderleistungen und »normaler Intelligenz« nun bezeichnen mag: Für eine zusätzliche Differenzierung nach dem Ausmaß der Diskrepanz ihrer Minderleistung zu ihrer Intelligenz gibt es nach Auffassung vieler Wissenschaftler keinen guten Grund. Würde das zweite Diskrepanzkriterium fallen gelassen, wäre immerhin die Kategorie der Lernschwäche obsolet. Dann ließe sich der Begriff der Lernstörung (im weiteren Sinne) gut beibehalten, weil er voraussetzungsfrei allein auf die schulische Minderleistung rekurriert – sieht man einmal vom Ausschlusskriterium der Intelligenzminderung ab. Ansonsten bietet sich der hier verwendete Begriff der *Lernschwierigkeiten* an, um über alle Kinder mit schulischen Minderleistungen zu sprechen.

Nicht nur an der Berechtigung des »zweiten« (»doppelten«) Diskrepanzkriteriums scheiden sich allerdings die Geister, sondern an den Kategorisierungen überhaupt. Denn die in der klinisch-medizinischen Tradition verbreitete kategoriale Sichtweise ist im Grunde eine andere als die in der Pädagogik und in der Psychologie vorherrschende dimensionale. *Kategorial* betrachtet liegt entweder eine Lesestörung vor oder nicht. *Dimensional* betrachtet, unterscheiden sich die Kinder und Jugendlichen graduell auf einem Kontinuum darin, wie gut sie lesen können. Jedwede Grenzwertsetzung der kategorialen Diagnostik ist letztlich willkürlich!

Sofern man sich auf die kategoriale Sichtweise einlässt, ist es eine Frage der *Fehlerabwägung,* welche Grenzwerte für die schulische Minderleistung (und ggf. für deren Diskrepanz zur Intelligenz) anzulegen sind. Sind die Grenzwerte zu lax, wird häufiger eine Lesestörung attestiert, die gar nicht vorhanden ist (Fehler 1). Die Betroffenen werden unnötig gekennzeichnet oder gar stigmatisiert (Pathologisierung) und erlangen möglicherweise zu Unrecht schulischen Nachteilsausgleich und Notenschutz (→ Kap. 6). Sind die Grenzwerte zu streng, wird häufiger eine tatsächlich vorhandene Lesestörung nicht erkannt (Fehler 2) – und es unterbleiben die eigentlich notwendigen Fördermaßnahmen. Welcher Fehler wiegt schwerer?[9]

9 Hasselhorn & Büttner (in Druck).

Wie häufig sind Lernschwierigkeiten?

Das ist so einfach nicht gesagt. Wie aus den vorausgegangenen Ausführungen deutlich wurde, hängt die Häufigkeit von Lernschwierigkeiten von den Ein- und Ausschlusskriterien einer Diagnose und von den testdiagnostischen Grenzwerten ab. Aber auch von den verwendeten Testverfahren und nicht zuletzt davon, ob überhaupt eine Diagnostik betrieben wird: Ohne schulische Minderleistungen wird es weder ein Feststellungsverfahren sonderpädagogischen Förderbedarfs geben, noch eine Lernstörungsdiagnostik. Werden also auftretende Schwierigkeiten beim Lesen und Rechtschreiben oder beim Rechnen durch zusätzliche Lernanstrengungen und Fördermaßnahmen bereits im Keim erstickt, so dass es gar nicht erst zu anhaltenden schulischen Minderleistungen kommt, liegen Lernschwierigkeiten – wie sie hier verstanden werden – nicht vor.

Als Prävalenzraten bezeichnet man in klinisch-medizinischen Zusammenhängen die geschätzten Häufigkeiten des Vorkommens einer Krankheit oder Störung bezogen auf eine Population. Höhere Prävalenzraten resultieren, wenn das Kriterium der schulischen Minderleistung weiter gefasst wird (z. B. bei 1.0 Standardeinheit unterhalb einer Alters- oder Klassennorm), deutlich geringere bei einem enger definierten Grenzwert (z. B. bei 2.0 Standardeinheiten unterhalb einer Alters- oder Klassennorm). Für die hier vorgeschlagenen 1.5 Standardabweichungen liegen die zu erwartenden (und auch berichteten) Prävalenzraten für alle Lernstörungen im weiteren Sinne zusammen bei 15 bis 20 Prozent, und zwar für die isolierte Lesestörung sowie für die kombinierte Lese-Rechtschreibstörung bei jeweils etwa vier Prozent, für die isolierte Rechtschreibstörung bei etwa fünf Prozent, für die isolierte Rechenstörung bei etwa vier Prozent sowie für eine kombinierte Störung schulischer Fertigkeiten bei etwa drei Prozent. Je nach Berücksichtigung von Komorbiditäten fallen die Schätzwerte anders aus. Wird zusätzlich die IQ-Diskrepanz gefordert, sind die Prävalenzraten für Lernstörungen natürlich geringer, denn nur drei von fünf Kindern, die das erste Diskrepanzkriterium erfüllen, qualifizieren sich auch für das zweite. Auffällig sind im Übrigen die Disparitäten in Bezug auf die Geschlechter und in Bezug auf die unterschiedlichen Spracherwerbsbiografien der Kinder (→ Kap. 2). Allerdings gibt es Zweifel daran, ob die zur Störungsdiagnostik üblicherweise eingesetzten Testverfahren auch für Kinder mit Deutsch als Zweitsprache (DaZ) prädiktiv valide sind. Die erwartete Auftretenshäufigkeit für eine intellektuelle Beeinträchtigung (unter drei Prozent) entspricht in der Größenordnung dem in einem Schuljahrgang tatsächlich festgestellten sonderpädagogischen Förderbedarf im Bereich Lernen (im Schuljahr 2013/2014: 2.6 Prozent).

Welches sind die Ursachen?

Für Wissenschaftler ist das eine wichtige Frage. Aber auch in der pädagogischen Praxis lässt sich mit Lernschwierigkeiten leichter umgehen, wenn es eine gute Erklärung für sie gibt. Um die Antwort vorwegzunehmen: Zwar können ungünstige Rahmenbedingungen des Lernens und Lehrens sowie eine mangelnde Adaptivität des schulischen Unterrichts das Entstehen und das Aufrechterhalten von Lernschwierigkeiten begünstigen sowie deren Schweregrad beeinflussen. Und zwar gibt es Risikofaktoren, die mit den familiären Bedingungen des Aufwachsens von Kindern zu tun haben. Dennoch sind aus pädagogisch-psychologischer Sicht die wahrscheinlichen Ursachen von Lernschwierigkeiten im Bereich der *individuellen Lernvoraussetzungen* zu finden – in Lernvoraussetzungen, die ihrerseits durch (neuro-)biologische Grundlagen und durch genetisch bedingte Prädispositionen geprägt sind, und die sich in Interaktion mit vielfältigen Umwelteinflüssen entwickeln. Unter den individuellen Lernvoraussetzungen sind die kognitiven Funktionen die wichtigsten, darüber hinaus spielen emotionale, motivationale und volitionale Merkmale und Prozesse eine Rolle. Anders ausgedrückt: Leistungsbeeinträchtigungen im Lesen und im Rechtschreiben oder im Rechnen sind mit großer Wahrscheinlichkeit die Folge gestörter Informationsverarbeitungsprozesse, die auf Defiziten in *bereichsübergreifenden* kognitiven Grundfunktionen, vor allem in zentralen Funktionen des Arbeitsgedächtnisses, fußen. Hinzu kommen je nach Leistungsbereich *bereichsspezifische* Defizite – beim Rechnen etwa in den basisnumerischen Verarbeitungsprozessen und beim Lesen und Rechtschreiben bei der Verarbeitung phonologischer Informationen.[10]

10 Zusammenfassend: Swanson, Harris & Graham (2013).

Gut zu wissen: Das Arbeitsgedächtnis

Man kann sich das Arbeitsgedächtnis als einen Ort bzw. als ein System vorstellen, wo Informationen vorübergehend festgehalten und zueinander in Beziehung gesetzt werden. Bildhaft-symbolische Informationen werden im visuell-räumlichen Teilsystem, akustisch-verbale Informationen im phonologischen Teilsystem, der so genannten phonologischen Schleife, verarbeitet. Als übergeordnete Leitzentrale, welche die Verarbeitungsprozesse in den beiden Teilsystemen initiiert, steuert und koordiniert, gilt die zentrale Exekutive.

Das *phonologische Teilsystem* ist für die schriftsprachliche Kompetenzentwicklung von großer Bedeutung. Es besteht aus einem phonetischen Speicher und einem Kontrollprozess inneren (Nach-)Sprechens. Die Kapazität des Speichers, die Verarbeitungspräzision akustischer Reize und die Geschwindigkeit der Verarbeitung sind Determinanten seiner Funktionstüchtigkeit.

Das *visuell-räumliche Teilsystem,* der so genannte visuell-räumliche Notizblock, spielt bei der Entwicklung mathematischer Kompetenzen eine Rolle. Es besteht aus einem visuellen Speicher für statische Informationen und einem Mechanismus inneren Aufzeichnens von Bewegungssequenzen.

Die *zentrale Exekutive* überwacht und kontrolliert die Verarbeitungsprozesse in den beiden Teilsystemen. Zentral-exekutive Funktionen sind an allen Lernprozessen beteiligt. Die Funktionstüchtigkeit der zentralen Exekutive ist von großer Bedeutung für die Kompetenzentwicklung im Lesen, Rechtschreiben und Rechnen.

Für ein besseres Verständnis der Ursachen von Lernschwierigkeiten ist es hilfreich, einen Blick auf das schulische Lernen insgesamt zu werfen. Wie funktionieren das Lesen lernen und das Schreiben lernen überhaupt, und wie werden mathematische Kompetenzen erworben? Natürlich können diese Fragen hier nur in Ansätzen beantwortet werden.[11]

11 Für den Schriftspracherwerb haben Claudia Steinbrink und Thomas Lachmann (2014) die wichtigsten Erkenntnisse zusammengefasst (vgl. auch: Dehaene, 2010; Elliott & Grigorenko, 2014; Scheerer-Neumann, 2015; Warnke & Baier, 2013; Wolf, 2009). Für den Erwerb mathematischer Kompetenzen bietet Katharina Lambert (2015) einen Überblick (vgl. auch: Dehaene, 1999; Jacobs, Petermann & Tischler, 2013; Schneider, Küspert & Krajewski, 2013).

Lesen und Rechtschreiben

Die deutsche Schrift ist phonographisch und morphosyntaktisch orientiert. Phonographisch meint, dass sich die geschriebene Sprache an den Lauteinheiten der gesprochenen Sprache ausrichtet. Morphosyntaktisch meint, dass es darüber hinaus Regelhaftigkeiten der Gleichschreibung bedeutungstragender Wortbestandteile gibt (Morphologie) sowie Regelhaftigkeiten der Groß-, Getrennt- und Zusammenschreibung (Syntax).

Alle alphabetischen Schriften sind in erster Linie lautbezogen, das heißt, die einzelnen bedeutungsunterscheidenden Buchstaben oder Buchstabenfolgen (Grapheme) korrespondieren regelhaft mit einzelnen bedeutungsunterscheidenden Lauteinheiten (Phoneme) der gesprochenen Sprache. Diese Korrespondenzen sind allerdings nicht perfekt, denn es gibt Mehrdeutigkeiten, die auftreten, wenn sich einer Lauteinheit mehr als eine Buchstabenfolge zuordnen lässt. In der deutschen Schriftsprache gibt es allerdings vergleichsweise weniger Mehrdeutigkeiten als etwa im Englischen oder im Französischen, die als eher intransparente bzw. inkonsistente Sprachen gelten.

Morpheme sind die kleinsten bedeutungstragenden Einheiten der geschriebenen Sprache. Das morphemische Prinzip besagt, dass sie immer gleich geschrieben werden, auch bei unterschiedlicher Aussprache (Morphemkonstanz). Beim Lesenlernen erleichtert diese Formkonstanz die Worterkennung. Für das Schreibenlernen müssen die morphemischen Regeln vermittelt werden. Die Groß- und Klein-, die Getrennt- und Zusammenschreibung und auch die Interpunktion erleichtern darüber hinaus das Lesen, weil das Erkennen der Syntax beim Verstehen eines Satzes hilfreich ist. Beim Schreiben lernen müssen die syntaktischen Regeln vermittelt werden.

So genannte Phasenmodelle der *Lese-Rechtschreibentwicklung* gehen davon aus, dass die Entwicklung des Lesens mit der des Rechtschreibens verschränkt ist, und dass einer

1. logographischen Phase jeweils eine
2. alphabetische und eine
3. orthographische folgt.

In der *logographischen Phase* wird ein vertrautes Wort (beim Lesen) als Ganzes erkannt bzw. es werden Buchstabenfolgen (beim Schreiben) lautbezogen verschriftlicht. In der *alphabetischen Phase* werden die einzelnen Grapheme eines Wortes (beim Lesen) erkannt, in Phoneme übersetzt und synthetisiert bzw. es werden die Phoneme der gesprochenen Sprache (beim Schreiben) in die korrespondierenden Grapheme übersetzt. Bei nicht lautgetreuen (mehrdeutigen) Wörtern kommt es dabei üblicherweise zu Lese- und Rechtschreibfehlern. Beim Lesen werden in der alphabetischen Phase die Graphem-Phonem-Korrespondenzregeln erworben und zunehmend genutzt, beim Schreiben die Regeln über Phonem-Graphem-Korrespondenzen. Die *orthographische Phase* ist durch den Erwerb und die Nutzung abstrakter Wortrepräsentationen (Lexikoneinträge) gekennzeichnet. Vertraute Wörter müssen nun nicht mehr lautsprachlich (phonologisch) erlesen und synthetisiert werden, so wie auch bereits bekannte Wörter nicht mehr über den lautsprachlichen Umweg verschriftet werden, sondern direkt geschrieben werden können. In der orthographischen Phase wird auch morpho-syntaktisches Regelwissen erworben.

Geübte Leser und Schreiber sind immer weniger auf die lautsprachlichen Transformationen angewiesen – müssen also nicht mehr jedes Mal die Grapheme erneut in Phoneme übersetzen, um zu lesen. Im *Zwei-Wege-Modell der Worterkennung* hat man das mit zwei unterschiedlichen Zugangswegen umschrieben, einem lexikalischen und einem sub-lexikalischen Zugangsweg. Lexikalisches Wissen über die Aussprache und über die Bedeutung eines Wortes wird – wie bereits erwähnt – in der orthographischen Phase erworben und im Gedächtnis gespeichert (Sichtwörter). Wer viel liest, erwirbt aber nicht nur lexikalisches Wissen über Wörter. Er oder sie erwirbt zudem Wissen über Morphologie und Syntax der Schriftsprache, was das Lesen und Schreiben entscheidend erleichtert. Ein bereits bekanntes Wort wird schnell als Ganzes erkannt und direkt erschlossen (dekodiert). Die lexikalische Route zur Worterkennung wird deshalb auch als direkte Route bezeichnet. Die sub-lexikalische, indirekte Route, funktioniert hingegen auf der Grundlage der oben genannten Graphem-Phonem-Korrespondenzregeln, beinhaltet also zunächst ein phonetisches Rekodieren der Schriftzeichen. Sie kommt bei unbekannten Wörtern zum Einsatz. So dauert es natürlich länger (und ist auch fehleranfälliger), bis ein Wort erkannt wird.

Lautsprachliche Defizite

Auf der Symptomebene werden *Leseschwierigkeiten* durch Beeinträchtigungen bei der Worterkennung, der Lesegenauigkeit und der Lesegeschwindigkeit manifest sowie durch Probleme beim Textverstehen. *Rechtschreibschwierigkeiten* äußern sich durch Fehler in der Orthographie sowie durch eine fehlerhafte Grammatik und Zeichensetzung. Als ursächlich für Lese-Rechtschreibschwierigkeiten gelten vor allem Defizite bei der Wahrnehmung und Verarbeitung sprachlicher Laute, also bei der phonologischen Informationsverarbeitung. Daneben werden Störungen der zeitlichen Verarbeitung auditiver Reize insgesamt, vor allem im Hinblick auf die Geschwindigkeit dieser Verarbeitungsprozesse, eine Störung von Automatisierungsprozessen im Kleinhirn, und eine Störung der frühen visuellen Verarbeitungsprozesse als mögliche Ursachen diskutiert.

Weil die phonologischen Verarbeitungsdefizite als Hauptursache von Lese-Rechtschreibschwierigkeiten gelten, schauen wir uns etwas genauer an, was man eigentlich unter der *phonologischen Informationsverarbeitung* versteht. Es geht dabei um die mentale Repräsentation und Verarbeitung von Sprachlauten bzw. Klängen (Tönen). Dreierlei Komponenten spielen dabei eine Rolle:

1. die phonologische Bewusstheit als Ausdruck der Sensitivität für die Lautstruktur einer Sprache und des routinierten Zugriffs auf die Phoneme,
2. das phonetische Rekodieren in der phonologischen Schleife des Arbeitsgedächtnisses als das Festhalten und (innere) Wiederholen von Klängen zum Zwecke des Weiterverarbeitens,
3. der Abruf phonologischer Codes aus dem Langzeitgedächtnis als der (rasche) Zugriff auf das lexikalische Wissen über die Aussprache und Betonung von Wörtern und Buchstaben.

Aus einer Reihe von Studien weiß man, dass Kinder und Jugendliche mit Lese-Rechtschreibschwierigkeiten häufig in allen drei der oben genannten Komponenten der phonologischen Informationsverarbeitung *Funktionsdefizite* aufweisen. In solchen Studien werden beispielsweise Aufgaben verwendet, bei denen es auf die Geschwindigkeit der Worterkennung bei vertrauten und unvertrauten Wörtern sowie bei sinnfreien Kunstwörtern ankommt, oder bei denen eine zunehmend umfangreichere Wortfolge eingeprägt werden soll. Dass Kinder und Jugendliche mit Lese-Rechtschreibschwierigkeiten bei solchen Aufgaben häufig bedeutend schlechter abschneiden als andere Kinder, heißt natürlich nicht, dass phonologische Verarbeitungsdefizite zwangsläufig solche Schwierigkeiten nach sich ziehen. Genauso wenig, dass bei einer intakten phonologischen Informationsverarbeitung Lese-Rechtschreibschwierigkeiten mit Sicherheit ausbleiben. Aber die Befunde stützen die Vermutung, dass die Geschwindigkeit und die Genauigkeit der Worterkennung und die Prozesse des phonetischen Rekodierens im Arbeitsgedächtnis bei der Entwicklung schriftsprachlicher Kompetenzen eine große Rolle spielen.

Für die Qualität des phonetischen Rekodierens ist die Funktionstüchtigkeit der *phonologischen Schleife* des Arbeitsgedächtnisses von zentraler Bedeutung. Bei Kindern mit Lese-Rechtschreibschwierigkeiten ist zum einen die Kapazität des phonetischen Speichers geringer. Solche Kinder haben also eine kürzere Gedächtnisspanne für akustisch präsentierte Wörter und Ziffern. Zum anderen ist der Präzisionsgrad der Phonemrepräsentation geringer sowie die Geschwindigkeit und der Automatisierungsgrad eines besonders wichtigen mentalen Kontrollprozesses, des so genannten inneren Sprechens, reduziert. Das ist auch dann der Fall, wenn die Lese-Rechtschreibschwierigkeiten mit einer intellektuellen Beeinträchtigung einhergehen. Gestützt wird die *phonologische Defizit-Hypothese* auch durch Trainingsstudien zur Förderung der phonologischen Bewusstheit.

Interessant ist die *Dissoziation zwischen Lese- und Rechtschreibschwierigkeiten* im Hinblick auf die Komponenten der phonologischen Verarbeitung. Kinder mit einer Lesestörung weisen andere Defizite im Arbeitsgedächtnis auf als Kinder mit einer Rechtschreibstörung. Es gibt Anzeichen dafür, dass Kinder mit isolierten *Leseschwierigkeiten* sowie mit einer kombinierten Lese-Rechtschreibproblematik vor allem in den zentral-exekutiven Arbeitsgedächtnisfunktionen beeinträchtigt sind. Dies ist im Übrigen auch dann der Fall, wenn Minderleistungen im Lesen und im Rechtschreiben mit einer intellektuellen Beeinträchtigung einhergehen. Bei isolierten Leseschwierigkeiten ist zudem die Benennungsgeschwindigkeit, also die Effizienz der Abrufprozesse aus dem Langzeitgedächtnis, defizitär. Es werden zu wenige (Sicht-)Wörter direkt erkannt. Bei Kindern mit isolierten *Rechtschreibschwierigkeiten* scheint hingegen insbesondere das phonetische Rekodieren im Arbeitsgedächtnis beeinträchtigt und dort vornehmlich die Kapazität des phonetischen Speichers.[12]

In der deutschen Sprache spielt demnach die Qualität der phonologischen Rekodierprozesse beim Lesen eine geringere Rolle als beim Schreiben. Das scheint durchaus plausibel, ist doch die insgesamt hohe Lauttreue (Transparenz bzw. Konsistenz) der deutschen Orthographie in Schreibrichtung, also von den Phonemen zu den Graphemen, tatsächlich etwas geringer ausgeprägt als in Leserichtung, also von den Graphemen zu den Phonemen. Die besonders hohe Lauttreue der Graphem-Phonem-Korrespondenzen ermöglicht beim Lesen eine vergleichsweise leichtere phonologische Übersetzung. Die weniger hohe Lauttreue der Phonem-Graphem-Korrespondenzen macht es hingegen beim Rechtschreiben erforderlich, die (gelernten) orthographischen Repräsentationen aus dem Langzeitgedächtnis abzurufen. In der englischen Sprache, die insgesamt weit weniger transparent (konsistent) ist als die deutsche, gibt es diese Dissoziation nicht. Wenn bei englischsprachigen Kindern Defizite in der phonologischen Informationsverarbeitung vorliegen, sind sowohl das nichtlexikalische Lesen nach den Graphem-Phonem-Korrespondenzregeln als auch das nichtlexikalische Schreiben nach den Phonem-Graphem-Korrespondenzregeln beeinträchtigt.

Rechnen

Als Rechenfertigkeiten (genauer: Fertigkeiten zur Bewältigung mathematischer Anforderungen) bezeichnet man den Umgang mit Mengen und Zahlen. Das Mengenverständnis, das Verständnis für Zahlen und die Entwicklung von Zählfertigkeiten gelten als frühe mathematische Basiskompetenzen, die dem schulischen Erwerb expliziter mathematischer Kompetenzen vorausgehen. Schon im Vorschulalter wird üblicherweise ein erstes Verständnis der Ordinalität und Kardinalität von Zahlen erworben sowie der Operationen Addition und Subtraktion. Der Erwerb von arithmetischem Faktenwissen, von arithmetischen Strategien und die Einsicht in grundlegende Gesetzmäßigkeiten der Kommutativität

12 Zur kognitiven Funktionsdiagnostik bei Lese-Rechtschreibschwierigkeiten vgl. Brandenburg et al. (2013, 2015), Fischbach, Könen, Rietz & Hasselhorn (2014), Mähler & Schuchardt (2009, 2014), Moll, Wallner & Landerl (2012) sowie Schuchardt, Gebhardt & Mähler (2010).

und Assoziativität kommen im Grundschulalter hinzu. Das arithmetische Faktenwissen entlastet das Arbeitsgedächtnis – wenn beispielsweise Lösungen für einfache Rechenaufgaben im (Langzeit-)Gedächtnis gespeichert und leicht abrufbar sind. Rechenschwierigkeiten, so wie sie üblicherweise betrachtet werden, beziehen sich auf Schwierigkeiten im Beherrschen der grundlegenden mathematischen Fertigkeiten, wie Addition, Subtraktion, Multiplikation und Division. Höhere mathematische Fertigkeiten, die etwa für ein Verständnis von Algebra, Trigonometrie, Geometrie oder für die Differenzial- und Integralrechnung benötigt werden, bleiben im Allgemeinen ausgeklammert, wenn es um Rechenschwierigkeiten geht.

Oft wird auf das neuroanatomisch-funktionelle Modell der drei zahlenverarbeitenden Module, das *Triple-Code-Modell,* von Stanislas Dehaene oder auf ähnliche Modelle rekurriert, um die Natur mathematischer Kompetenzen und das mögliche Auftreten von Rechenschwierigkeiten näher zu beschreiben. Das Triple-Code-Modell unterstellt drei miteinander verknüpfte kognitive Repräsentationsformate im Umgang mit Mengen und Zahlen, und zwar

1. ein visuell-arabisches für das Lesen und Schreiben von (arabischen) Ziffern und Ziffernfolgen (1, 2, 3, 4, 5, …),
2. ein auditiv-sprachliches für das Lesen, Hören, Sprechen und Schreiben der Zahlwörter einer Sprache (eins, zwei, drei, vier, fünf, …) sowie
3. formatübergreifend ein vorsprachliches analog-nichtsymbolisches zum unmittelbaren Erfassen (Schätzen) von Mengen und Größen.

Aufgrund klinisch-neuropsychologischer Studien vermutet Dehaene spezifische neuronale Netzwerke für diese drei Repräsentationsformate, die er an unterschiedlichen Stellen des frontalen Kortex lokalisiert. Dehaene nimmt weiterhin an, dass sich das visuell-arabische und das auditiv-sprachliche Modul im Kindesalter entwickeln, die basalen analog-nichtsymbolischen Kompetenzen hält er hingegen für angeboren. Entwicklungspsychologische Modelle verzichten auf Annahmen zur Lokalisation mentaler Repräsentationen und gehen von einer Verknüpfung von ursprünglich analogen (Mengen-)Repräsentationen mit einem erfahrungsgebunden erworbenen, zunächst einfachen und später relationalen Zahlverständnis aus. Im weiteren Entwicklungsverlauf – so die verbreitete Annahme – werden mathematische Konzepte und arithmetisches Faktenwissen erworben und es werden Strategien erlernt, die im Umgang mit mathematischen Aufgaben hilfreich sind. Besonders bekannt sind Jean Piagets klassische Studien zur Entwicklung des Zahlbegriffs im Rahmen der Denkentwicklung. Sie haben viele entwicklungspsychologische Theorien und pädagogische Konzepte inspiriert.

Repräsentations- und Funktionsdefizite

Dehaene betrachtet spezifische, die Zahlenrepräsentation im Langzeitgedächtnis in einem oder mehreren der genannten Formate betreffende Funktionseinschränkungen des *Zahlensinns* als ursächlich für Rechenschwierigkeiten. Die Fähigkeit zur kognitiven Repräsentation und Verarbeitung von Numerositäten hält er für einen (angeborenen) Startermechanismus und eine Rechenschwierigkeit sei dementsprechend Folge einer Störung dieses Mechanismus. Kinder mit Rechenschwierigkeiten verfügten über weniger präzise Vorstellungen von Zahlen und hätten eine ungenauere kognitive Repräsentation des Zahlenraums. Aus Studien zu Mengengrößen- und Zahlengrößenvergleichen weiß man beispielsweise, dass sie dafür längere Reaktionszeiten benötigen.[13]

Allgemein gelten Defizite bei den basalen Zählprozessen und beim Erwerb des Zahlkonzepts, bei einfachen arithmetischen Prozeduren sowie beim Aufbau und Abruf mathematischen Faktenwissens als die grundlegenden Rechenprobleme. Solche Defizite hängen zwar mit den angesprochenen Repräsentationsdefiziten zusammen, sind aber nicht vollständig durch sie erklärbar. Auf der Symptomebene leicht sichtbar, sind bei Rechenschwierigkeiten das Zahlenverständnis, das flüssige Beherrschen einfacher arithmetischer Operationen und der Abruf einfacher arithmetischer Fakten aus dem Gedächtnis beeinträchtigt. Vor allem das defizitäre arithmetische Faktenwissen wird als Kernsymptomatik der Rechenschwierigkeiten bezeichnet: Weil Kinder mit Rechenschwierigkeiten jedes Mal aufs Neue rechnen müssen, wo andere rasch die Lösungen aus dem Langzeitgedächtnis abrufen, und weil sie beim Rechnen weniger gute arithmetische Strategien verwenden, unterlaufen ihnen mehr Rechenfehler.

---

13 Zusammenfassend: Dehaene (1999); Landerl & Kaufmann (2013); Lambert (2015).

Auf der kognitiv-prozessualen Ebene werden Funktionsdefizite in den zentral-exekutiven Kontrollprozessen des Arbeitsgedächtnisses und im visuell-räumlichen Teilsystem für Rechenschwierigkeiten verantwortlich gemacht. Die Befunde sind allerdings uneinheitlich. In Bezug auf das visuell-räumliche Teilsystem scheint ein spezifisches Defizit vorzuliegen, welches bei Lese-Rechtschreibschwierigkeiten nicht zu beobachten ist. Sind die Rechenschwierigkeiten mit einer intellektuellen Beeinträchtigungen verbunden, gibt es – wie schon bei den Lese-Rechtschreibschwierigkeiten – zugleich zentral-exekutive Funktionseinschränkungen (s. o.).[14]

Domänenübergreifende Ursachen

Im Hinblick auf die Ursachen von Lese-, Rechtschreib- und Rechenschwierigkeiten haben wir eine domänenbezogene kognitions- bzw. neuropsychologische Sichtweise eingenommen. Inwieweit verhaltens- und molekulargenetische bzw. neurobiologische Erklärungsansätze darüber hinaus einen Beitrag zu leisten vermögen, wird kontrovers diskutiert. Darauf wird hier nicht eingegangen. Stattdessen wird abschließend auf zwei *symptomunspezifische* kognitive Funktionen bzw. Merkmale verwiesen, die als wichtige Lernvoraussetzungen im Zusammenhang mit Lernschwierigkeiten ebenfalls eine Rolle spielen. Denn es spricht einiges dafür, neben den symptomspezifisch ausgewiesenen kognitiven Funktionsdefiziten (vor allem des Arbeitsgedächtnisses) weitere Ursachen für Lernschwierigkeiten anzunehmen. Lernschwierigkeiten haben – wie das gelingende schulische Lernen auch – mit einem ganzen Bündel individueller Lernvoraussetzungen zu tun, zudem mit Bedingungen des Unterrichts und Merkmalen der häuslichen Lernumgebung.[15] Zu den *individuellen Lernvoraussetzungen* gehören beispielsweise die Lern- und Leistungsmotivation sowie das Selbstkonzept eigener Fähigkeiten, die Lernfreude, aber auch die Schul- oder Prüfungsangst, die Lernstrategien und die Arbeitshaltung, die Willensstärke bzw. die Fähigkeit zur Handlungskontrolle, die Aufmerksamkeitssteue-

14 Für detailliertere Ausführungen: Alloway (2010); Geary (2013); Poloczek, Büttner & Hasselhorn (2012); Schuchardt, Mähler & Hasselhorn (2010); Klesczewski et al. (2015).

15 Dazu ausführlicher: Gold (2011); Hasselhorn & Gold (2013).

rung und das Vorwissen. Auf der Ebene des Unterrichts sind neben den grundlegenden Dimensionen der Unterrichtsqualität vor allem die zur Verfügung gestellte Lernzeit zu nennen und das Ausmaß der Förderorientierung des Unterrichts (→ Kap. 3).

Exemplarisch sei am Beispiel der Sprachkompetenz und der Fähigkeit zur Selbstregulation des eigenen Lernverhaltens auf die Bedeutsamkeit symptomunspezifischer Ursachen von Lernschwierigkeiten hingewiesen: *Sprache* und schulische Lernentwicklung hängen eng miteinander zusammen. Wie gut Kinder beim Schuleintritt die Verkehrs- oder Unterrichtssprache bereits beherrschen, spielt deshalb bei der schriftsprachlichen Kompetenzentwicklung, aber auch für den Erwerb mathematischer Kompetenzen eine große Rolle. Sprachliche Defizite, ob aus Entwicklungsstörungen oder aus einer zu geringen Kontaktdauer mit der deutschen Sprache resultierend, müssen deshalb möglichst schon vor Schulbeginn (→ Kap. 5) verringert werden. Unterbleibt dies, sind Beeinträchtigungen bei der Schriftsprachentwicklung eine wahrscheinliche Folge. Persistierende sprachliche Defizite bei bereits schulpflichtigen Kindern müssen unterrichtsbegleitend angegangen werden (→ Kap. 4).

Nicht zuletzt aufgrund Aufsehen erregender epidemiologischer Befunde sind in den letzten Jahren die mangelnden Fähigkeiten zur *kognitiven Kontrolle* bzw. zur *Selbstregulation* (Selbstkontrolle) oft mit Lernschwierigkeiten, schulischen Minderleistungen und Verhaltensauffälligkeiten in Zusammenhang gebracht worden. Kognitive Kontrollfunktionen bei der Informationsverarbeitung sind beispielsweise das Unterdrücken irrelevanter und das Aufrechterhalten relevanter Informationen, das Unterdrücken automatisierter Handlungstendenzen und das flexible Anpassen an wechselnde Aufgabenanforderungen. Leicht vorstellbar, dass ein höheres Maß an kognitiver Kontrolle mit besseren Lernleistungen einhergeht, und dass kognitive Kontrolldefizite das Lernen erschweren. Selbstregulative Kompetenzen spielen aber nicht nur bei der Regulation von Kognitionen eine Rolle, sondern auch bei der Handlungskontrolle überhaupt. Sie werden benötigt, um einen erwünschten Zustand (eine Zielintention) durch eigenes Handeln auch tatsächlich herbeizuführen. Erfolgreiche Selbstregulation kennzeichnet zielgerichtetes Verhalten. Auf Lernhandlungen übertragen, geht es dabei vor allem um die Fähigkeit zur Impulskontrolle, wenn nämlich dominante, aber nicht zielführende Handlungstendenzen unterdrückt werden müssen, um ein gestecktes Ziel zu erreichen. Es geht aber auch um die Planung, Überwachung und Steuerung des gesamten Lernverhaltens.

Gut zu wissen: Willst du noch oder kannst du schon?

Die Studien von Walter Mischel zum *Belohnungsaufschub* werden meist als Beleg für die Bedeutsamkeit der willlentlichen Handlungsregulation angeführt (Mischel, Shoda & Rodriguez, 1989; Shoda, Mischel & Peake, 1990; zusammenfassend: Mischel, 2015). In Mischels Experimenten ging es um die Fähigkeit zur Impulskontrolle - das Wartenkönnen auf eine in Aussicht gestellte größere Belohnung anstatt einer unmittelbaren Bedürfnisbefriedigung. Mischel und Mitarbeiterinnen (und später noch viele andere Wissenschaftler) haben herausgefunden, dass die frühe Fähigkeit zur Impulskontrolle ein besonders robuster Prädiktor für den späteren schulischen Lernerfolg ist.

Strategien der willentlichen Handlungskontrolle (kurz: Handlungskontrollstrategien) sind nicht nur für schulische Lernhandlungen von großer Bedeutung (Baumeister & Tierney, 2012). Sie sind stets erforderlich, damit aus einer Zielintention auch eine zielgerichtete Handlung wird. Probleme kann es nicht nur bei der Initiierung einer Lernhandlung geben, sondern auch bei ihrer Persistenz - wenn beispielsweise attraktiv-ablenkende Alternativen auftauchen (ein Kinobesuch, eine Verabredung zum Essen, eine elektronische Nachricht). Gute Lerner verfügen über geeignete Strategien, um Lernhandlungen zu initiieren und aufrecht zu erhalten.

Caterina Gawrilow hat ein Trainingsprogramm entwickelt, worin mit Hilfe von *Wenn-Dann-Plänen* versucht wird, die Handlungslücke zwischen dem Wollen und dem Können zu schließen - und zwar bei Kindern und Jugendlichen mit einer Aufmerksamkeitsdefizit-/Hyperaktivitätsstörung (Gawrilow, Guderjahn & Gold, 2013). Über inhibitorische Defizite - also Probleme bei der Hemmung spontaner Impulse - wurde für Kinder mit einer ADHS schon häufig berichtet (Rauch, Gold & Schmitt, 2012; Wirth, Reinelt, Gawrilow & Rauch, 2015). Die Prinzipien des Trainingsprogramms lassen sich leicht auf andere Handlungs- und Verhaltensproblematiken übertragen.

Fazit

Lernschwierigkeiten manifestieren sich in schulischen Minderleistungen, also in Minderleistungen im Lesen, im Rechtschreiben oder im Rechnen. Üblicherweise gilt eine Abweichung der Schulleistung um mehr als 1.5 Standardeinheiten von den Klassen- oder Altersnormwerten als verlässlicher Indikator einer Lernschwierigkeit. Treten Lernschwierigkeiten auf, ohne dass zugleich die Intelligenz beeinträchtigt ist, spricht man meist von einer Lernstörung oder -schwäche. Gehen die Lernschwierigkeiten mit einer intellektuellen Beeinträchtigung einher, spricht man von einer Lernbehinderung. Defizite in bereichsübergreifenden kognitiven Grundfunktionen (vor allem im Arbeitsgedächtnis) sowie bereichsspezifische kognitive Defizite bei den Lese-, Rechtschreib- oder Rechenprozessen sind die wahrscheinlichen Ursachen von Lernschwierigkeiten. Andere Ursachen, zum Teil aus dem Bereich der individuellen Lernvoraussetzungen, zum Teil aus ungünstigen Rahmenbedingungen des Lernens und Lehrens resultierend, kommen hinzu.

2 Wie man Lernschwierigkeiten diagnostiziert

Wenn Kinder und Jugendliche Lernschwierigkeiten haben, ist das eigentlich kaum zu übersehen. Lernschwierigkeiten – so wie sie hier verstanden werden – schlagen sich nämlich in schulischen Minderleistungen nieder, also in einem deutlichen Verfehlen von Leistungsanforderungen, die von Kindern und Jugendlichen gleichen Alters bzw. gleicher Klassenstufe üblicherweise erfüllt werden. In der schulischen Benotungs- und Versetzungspraxis äußert sich das Leistungsversagen in anhaltend mangelhaften oder ungenügenden Leistungsbeurteilungen, im (vielleicht sogar wiederholten) Verfehlen des Klassenziels sowie in einer Nichtversetzung (vielleicht sogar in einer Abschulung).

Schulische Leistungsbeurteilungen sind besser als ihr Ruf, aber natürlich nicht perfekt. Wo sie am Ende schul- oder verwaltungsrechtliche Entscheidungen begründen, wird eine unterstützende pädagogisch-psychologische und testdiagnostische Abklärung hilfreich sein. Vielfach ist eine psychologische Diagnostik schulrechtlich oder -administrativ empfohlen oder sogar vorgeschrieben, etwa zur Feststellung sonderpädagogischen Förderbedarfs oder bei Lernstörungen. Es ist aber auch ohne Rückgriff auf die rechtlichen Aspekte sinnvoll, eine zuverlässige Verortung und »Objektivierung« der individuellen Lernschwierigkeiten in einem größeren Referenzrahmen vorzunehmen, als ihn die jeweilige Schulklasse oder Schule und die jeweilige Lehrperson erlauben. Wie sehr weichen die Lese-, Rechtschreib- oder Rechenleistungen eines Kindes oder Jugendlichen tatsächlich davon ab, was andere gleichen Alters leisten können?

Als Teilgebiet der psychologischen Diagnostik ist die pädagogisch-psychologische Diagnostik genau damit befasst: mit der Testdiagnostik von Lese-, Rechtschreib- und Rechenleistungen – sowie gegebenenfalls der intellektuellen Leistungsfähigkeit. Natürlich bleibt eine umfassende psychologische Diagnostik nicht allein auf den Einsatz testdiagnostischer

Verfahren begrenzt. Und natürlich ist neben der leistungsbezogenen Diagnostik der genannten drei Kompetenzbereiche auch eine Ursachen- und Lernvoraussetzungsdiagnostik (z. B. zum Arbeitsgedächtnis, zu den Aufmerksamkeitsfunktionen, zur sprachlichen Kompetenz oder zur phonologischen Informationsverarbeitung) zur Abklärung einer vorliegenden Problematik sinnvoll und hilfreich. Für die nachfolgenden Darstellungen muss allerdings eine Beschränkung auf die Schulleistungsdiagnostik erfolgen.

Psychologische Diagnostik

Schulpsychologische Diagnostik wird von (Schul-)Psychologen, aber auch von Sonderpädagogen und Beratungslehrern betrieben. Wo es um die Durchführung von Schulleistungstests geht, und erst recht bei der so genannten Lernverlaufsdiagnostik im Unterricht, sind aber letztlich alle Lehrerinnen und Lehrer gefragt und gefordert. Sie können, wenn das nicht bereits in der grundständigen Ausbildung geschehen ist, durch eine entsprechende Einweisung zur (Schultest-)Diagnostik befähigt werden. Testdiagnostische Verfahren sind nach bestimmten Kriterien konstruiert und fußen auf bestimmten Vorannahmen. Es gibt genaue Vorschriften, wie solche Testverfahren anzuwenden sind, und was bei der Auswertung und Ergebnisinterpretation zu beachten ist. Das ist im Auge zu behalten, wenn wir die Möglichkeiten und Grenzen der schulischen Testdiagnostik ausloten.

Ganz wesentlich ist, dass die Testverfahren zur Erfassung der Lese-, Rechtschreib- oder Rechenleistungen (und der Intelligenz) *standardisiert* sind und dass es verbindliche Bewertungsnormen für die Interpretation individueller Testwerte gibt. Solche *Normen* werden in der Regel anhand großer, repräsentativer Stichproben gewonnen und lassen Aussagen darüber zu, wie »normal« oder wie »besonders« ein individueller Testwert eigentlich ist. Wesentlich ist auch, dass bei der Konstruktion und Anwendung von Testverfahren sowie bei der Auswertung und Interpretation von Testergebnissen die wissenschaftlichen Gütekriterien der Unabhängigkeit (Objektivität), der Zuverlässigkeit bzw. Genauigkeit (Reliabilität) und der inhaltlichen Gültigkeit (Validität) beachtet werden.[16]

---

16 Zur schulpsychologischen Diagnostik vgl. Gold, Gawrilow & Hasselhorn (2016), Hasselhorn & Gold (2013) sowie Hesse & Latzko (2009) und darüber hinaus die thematisch fokussierten Jahrbücher der pädagogisch-psychologischen Diagnostik aus der Reihe *Tests und Trends*.

In der Reihe *Hogrefe Schultests* (bis 2010: *Deutsche Schultests*) der Testzentrale des Hogrefe-Verlags – es gibt natürlich auch andere Anbieter – sind eine große Anzahl standardisierter Testverfahren zur Erfassung der Lese-, Rechtschreib- oder Rechenkompetenzen im schulischen Kontext verfügbar. Bei den meisten Testverfahren sind Testbögen oder -hefte auszufüllen, es wird also nach standardisierter Instruktion mit Papier und Stift gearbeitet, und die meisten Verfahren lassen sich auch in der Gruppe durchführen. Von der ersten Klassenstufe angefangen, reichen solche Testverfahren in ihrem Einsatzbereich meist bis zum Ende der Mittelstufe, mit einem klaren Übergewicht des Testangebots zwischen dem dritten und sechsten Schuljahr. Die Normwerte, anhand derer die individuellen Testergebnisse zu interpretieren sind, beziehen sich auf Kinder gleichen Alters und/oder gleicher Klassenstufe und/oder gleicher Schulform. Gelegentlich werden darüber hinaus für die Geschlechter getrennte Normwerte angegeben. Die Diagnose Lernschwierigkeiten (bzw. Lernstörung im weiteren Sinne) wird gestellt, wenn die individuellen Testergebnisse eines Kindes oder Jugendlichen einen bestimmten Prozentrang unterschreiten bzw. unterhalb eines bestimmten Normwertes liegen.

Konkret sieht das so aus, dass ein erzielter *Testrohwert* (in einem Rechtschreibtest wäre das etwa die Fehleranzahl in einem Diktat und in einem Lesetest die Anzahl der in einer Zeiteinheit korrekt gelesenen Wörter bzw. die Anzahl der zu einem gelesenen Textinhalt korrekt beantworteten Fragen) zunächst anhand einer Normtabelle in einen *Standardwert* zu übersetzen ist. Dazu liest man in einer der Normtabellen des Testmanuals unter dem entsprechenden Testrohwert den zugeordneten Prozentrang (PR), einen T-Standardwert oder einen der anderen Standardwerte ab.[17] Die richtige Normtabelle ist diejenige, die im Hin-

17 Bei den Prozenträngen (PR) ist die relative Position eines Rangplatzes unmittelbar (zwischen 1 und 100) ersichtlich. T-Werte (TW) und Intelligenzquotientwerte (IQ) sind die gebräuchlichsten Standardwerte. Ihre Verwendung ermöglicht eine rasche Orientierung darüber, ob ein individuelles Testergebnis im Durchschnittsbereich liegt oder über- bzw. unterdurchschnittlich gut ist. Bei den T-Werten, den IQ-Werten und anderen auf Normalverteilungsannahmen basierenden Lineartransformationen sind die jeweiligen Mittelwerte und Standardabweichungen die entscheidenden Bezugsgrößen der Interpretation. Die weit verbreitete TW-Skala hat etwa einen Mittelwert $TW = 50$ und eine Standarddevianz $SD = 10$. Gut 68 Prozent aller individuellen Testwerte sind bei einem T-standardisierten Test im Wertebereich zwischen $TW = 40$ und $TW = 60$ zu erwarten, also in einem Bereich zwischen einer

blick auf das Alter des Kindes oder im Hinblick auf die Klassenstufe bzw. Schulform, die es besucht, passend ist. Die Prozentränge und Normwerte sind – anders als die Testrohwerte – leicht interpretierbar: Ein individueller Prozentrang PR = 10 sagt beispielsweise aus, dass 90 Prozent der – z. B. altersgleichen – Kinder oder Jugendlichen eine bessere Leistung erzielen als die auf Prozentrang 10 befindliche Person. Ein T-Wert von TW = 60 bedeutet, dass es sich um eine überdurchschnittliche Testleistung handelt, die um eine Standardeinheit (also um 10 TW-Punkte) besser ausfällt als der Mittelwert der T-Wertskala, der bei TW = 50 liegt. Weniger als 16 Prozent aller Personen werden einen noch höheren T-Wert als 60 erreichen. Die Prozentränge und T-Werte lassen sich wechselseitig umrechnen. Dem Prozentrang PR = 10 entspricht beispielsweise ein Standardwert TW = 37.2 und bei einem Standardwert TW = 35 erzielen – auf Prozentränge umgerechnet – 93 von 100 Personen einen besseren Testwert (der exakte Prozentrang ist PR = 6.7).[18]

Zustande gekommen sind solche Normtabellen im Zuge der Testentwicklung, in deren Verlauf die Testaufgaben von einer großen Anzahl von Kindern und Jugendlichen zu bearbeiten waren, wobei man Kenntnis über die Schwierigkeiten der Aufgaben bzw. des Tests und über die Leistungsverteilung in einer Population gewann. Liegen die Testnormen einmal vor, lässt sich jeder beliebige Testrohwert daran messen. In → Kap. 1 ist in Bezug auf die schulischen Minderleistungen für einen Grenzwert von PR < 7 plädiert worden und in Bezug auf Standardwerteskalen entsprechend für ein negatives Abweichen um mehr als 1.5 Standardeinheiten, bevor wir von einer Lernschwierigkeit sprechen. Dies entspricht einem T-Wert < 35. Lernschwierigkeiten (also Lernstörungen im weiteren Sinne) würden demnach diagnostiziert, wenn in einem standardisierten Lese-, Rechtschreib- oder Rechentest ein Prozentrang von PR = 7 unterschritten wird bzw. wenn der T-Wert kleiner als TW = 35 ist.

Claudia Steinbrink und Thomas Lachmann haben in ihrem Lehrbuch zur Lese-Rechtschreibstörung überzeugend begründet, weshalb es so wichtig ist, bei der Testdiagnostik auf Tests mit aktuellen Normie-

---

Standardabweichung unterhalb und oberhalb des Mittelwerts. Und für gut 95 Prozent aller individuellen Testwerte sind T-Werte zwischen TW = 30 und TW = 70 zu erwarten. Das heißt: Größere T-Werte als 70 und kleinere T-Werte als 30 kommen nur sehr selten vor.

18 Unter http://www.psychometrica.de/normwertrechner.html lassen sich solche Transformationen online leicht durchführen.

rungsdaten zurückzugreifen. Selbst auf bewährte Testverfahren sollte daher lieber verzichtet werden, wenn die Normwerte nicht innerhalb der letzten zehn Jahre aktualisiert worden sind.

Lesen

Zur Beurteilung der Leseleistung gibt es spezifische Testverfahren, die auf die basalen Lesefertigkeiten wie die *Lesegeschwindigkeit* oder -genauigkeit zielen, und es gibt Verfahren, die das *Leseverständnis* (Textverstehen) prüfen. Einige Testverfahren enthalten spezifische Untertests für beide Bereiche. Leseleistungen lassen sich frühestens am Ende der zweiten Klassenstufe sinnvoll erfassen. Für die dritte und vierte Klassenstufe sind beispielsweise der **Leseverständnistest für Erst- bis Sechstklässler** (ELFE 1–6)[19] gebräuchlich, die **Würzburger Leise Leseprobe** (WLLP-R) und das **Salzburger Lese-Screening** für die Klassenstufen 1–4 (SLS 1–4). Für ältere Kinder und für Jugendliche stehen etwa der **Frankfurter Leseverständnistest** für 5. und 6. Klassen (FLVT 5–6), die **Lesetestbatterie** für die Klassenstufen 6–7 bzw. 8–9 (LESEN 6–7 bzw. LESEN 8–9) oder der **Lesegeschwindigkeits- und Verständnistest** für die Klassen 6–12 (LGVT 6–12) zur Verfügung.

Im Testverfahren ELFE 1–6 müssen die Kinder im Untertest »Wortverständnis« unter Zeitbegrenzung eine Abbildung einem von vier geschriebenen Wörtern richtig zuordnen, im Untertest »Satzverständnis« aus fünf zur Auswahl stehenden Wörtern dasjenige auswählen, das am besten in eine Satzlücke hineinpasst und beim »Textverstehen« inhaltliche Fragen zu (sehr) kurzen Texten beantworten. Wie der Untertest »Wortverständnis« des ELFE 1–6 zielt auch das SLS 1–4 auf die basalen Lesefertigkeiten. Im Leseverständnistest FLVT 5–6 geht es hingegen vornehmlich um das Textverstehen. Texte mittlerer Länge (gut 500 Wörter) müssen gelesen werden, um anschließend eine Reihe inhaltlicher Fragen zu beantworten. Verwendet werden ein Sachtext und ein narrativer Text.

19 Damit dieses Buch seinen einführenden Charakter behält, wird im Text auf bibliographische Angaben zu den einzelnen Testverfahren (im Fettdruck hervorgehoben) verzichtet. Am Ende findet sich eine alphabetische Liste der Testverfahren.

Rechtschreiben

Weil Rechtschreibschwierigkeiten oftmals – aber nicht immer – mit Leseschwierigkeiten einhergehen und weil eine besondere pädagogische Förderung im einen oder im anderen Fall je spezifischer Maßnahmen bedarf, ist es sinnvoll und notwendig, etwaige Schwierigkeiten beim Lesen und in der Rechtschreibung getrennt zu diagnostizieren. Auch aus der Ursachenforschung (→ Kap. 1) wissen wir, dass den Minderleistungen im Lesen offenbar andere neurokognitive Defizite zugrunde liegen als den Minderleistungen in der Rechtschreibung, und dass sich daraus unterschiedliche Ansatzpunkte für eine gezielte Therapie und für das unterrichtliche Vorgehen ergeben.

In standardisierten Rechtschreibtests geht es um die Korrektheit der Rechtschreibung – worum sonst? Erfasst wird dies im Allgemeinen über die Anzahl bzw. relative Anzahl richtig bzw. falsch geschriebener Wörter. Manchmal wird über diese quantitative Maßzahl hinaus eine qualitative Fehleranalyse angeboten – dies ist allerdings eine aufwendige Zusatzdiagnostik, deren Mehrwert bislang nicht erwiesen ist. Alle Rechtschreibtests sind als Gruppentests durchführbar. Im Grunde handelt es sich bei den Rechtschreibtests um Diktate oder um die Bearbeitung so genannter Lückentexte.

Mehr noch als beim Lesen gilt auch für die Rechtschreibleistung, dass sie eigentlich erst am Ende der zweiten Klassenstufe sinnvoll erfasst werden kann – oder oft erst noch später, weil das orthographisch-regelgetreue Schreiben nicht in allen Fällen bereits in den Eingangsklassen unterrichtet wird. Wurde bislang nur lautgetreu geschrieben (Schreiben nach Gehör), führte eine Orientierung an den Normwerten zu einer unangemessenen Überschätzung der Rechtschreibproblematik.

Die **Hamburger Schreibprobe** (HSP), die **Deutschen Rechtschreibtests** aus der DERET-Reihe (DERET 1–2+; DERET 3–4+; DERET 5–6+) und die Tests aus der **Weingartener Grundwortschatz Rechtschreib-Test**-Reihe (WRT 2+; WRT 3+; WRT 4+) sind hier die bekanntesten Verfahren. In den Tests der DERET-Reihe wird beispielsweise ein kurzer Fließtext im Umfang von etwa 100 Wörtern diktiert und es müssen zusätzlich Lückenwörter in einem Testbogen ergänzt werden. Für die Auswertung werden alle fehlerhaften Wörter aufsummiert.

Rechnen

Standardisierte Mathematikleistungstests können sowohl als Gruppen- wie auch als Einzeltests durchgeführt werden und orientieren sich inhaltlich an dem, was in der jeweiligen Klassenstufe üblicherweise im Unterricht behandelt wird. Neben den Schulleistungstests – wie sie auch für das Lesen und Rechtschreiben vorliegen – gibt es eine Reihe spezieller Dyskalkulie-Tests zur Erfassung des Zahlenverständnisses und der basisnumerischen Fähigkeiten, die sich meist auf neuropsychologische Theorien berufen. Sie sollen vor allem im unteren Leistungsbereich Differenzierungen ermöglichen.

Unter den *Schulleistungstests* sind die Verfahren aus der Reihe **Deutsche Mathematiktests** (DEMAT 1+; DEMAT 2+; DEMAT 3+; DEMAT 4; DEMAT 5+; DEMAT 6+ und DEMAT 9) gebräuchlich und bewährt. In den Tests der DEMAT-Reihe geht es im Wesentlichen um die Bereiche der Arithmetik und der Geometrie. In der ersten und zweiten Klassenstufe werden die Mengen-Zahlen-Kompetenzen erfasst und die Repräsentation des Zahlenraums. Andere Rechentests im Grundschulalter sind etwa der **Eggenberger Rechentest** (ERT 1+; ERT 2+; ERT 3+; ERT 4+), der **Heidelberger Rechentest** (HRT 1–4) und das **Diagnostische Inventar zu Rechenfertigkeiten im Grundschulalter** (DIRG). Für die Klassenstufen 4–8 ist die **Basisdiagnostik Mathematik** (BASIS MATH 4–8) verfügbar.

Unter den speziellen *Dyskalkulie-Tests* ist die **Neuropsychologische Testbatterie für Zahlenverarbeitung und Rechnen** bei Kindern (ZAREKI) das bekannteste Verfahren. Es basiert auf der Theorie des Triple-Code-Modells nach Dehaene (→ Kap. 1). Wie die ZAREKI-Testbatterie zielt auch das **Rechenfertigkeiten- und Zahlenverarbeitungsdiagnostikum** (RZD 2–6) nicht nur auf die Überprüfung mathematischer Kompetenzen, sondern auch auf die Überprüfung von (Arbeits-) Gedächtnisfunktionen.

Diskrepanzdiagnostik

Mit dem Schlagwort »Diskrepanzdiagnostik« ist das bereits in → Kap. 1 angesprochene Kriterium der »doppelten« oder »zweiten« Diskrepanz im Rahmen der klinischen Lernstörungsdiagnostik gemeint. Es geht also um die in der klinisch-medizinischen Tradition vertretene Auffassung, dass eigentlich erst eine besonders große Diskrepanz zwischen der schwachen Lese-, Rechtschreib- oder Rechenleistung eines Kindes und seiner allgemeinen Intelligenz eine Lernstörungsdiagnose (Lernstörung im engeren Sinne) rechtfertige. Die erste Diskrepanz – wir erinnern uns – war die Abweichung der individuellen Lese-, Rechtschreib- oder Rechenleistung von der Alters- oder Klassennorm. Die zweite (oder doppelte) Diskrepanz soll nun darin bestehen, dass die individuellen Minderleistungen deutlich von der (normalen) Intelligenztestleistung des Kindes oder Jugendlichen abweichen. Im Falle normierter Testverfahren lässt sich dieser Abstand wiederum in Einheiten von Standardabweichungen ausdrücken. Wie man sich denken kann, sind auch für dieses zweite Diskrepanzkriterium ganz unterschiedliche Grenzwerte für einen kritischen Abstand gebräuchlich, am häufigsten werden 2.0 oder 1.5, gelegentlich auch 1.2 oder 1.0 Standardeinheiten genannt.

Praktisch heißt das, dass zunächst einmal ein Intelligenztest durchzuführen ist. Die Intelligenzdiagnostik hat in der psychologischen Diagnostik eine besonders lange Tradition. Im Kindes- und Jugendalter häufig eingesetzt werden die sprachfreien (kulturfreien) **Grundintelligenztests** der CFT-Reihe (CFT 1; CFT 20) und die **Wechsler-Intelligenz-Skalen** (WISC IV; früher: HAWIK). Ermittelt werden damit grundlegende Fähigkeiten des induktiven Denkens, wie die Regelerkennung und das Erkennen und Anwendenkönnen von Gesetzmäßigkeiten, aber auch die Wahrnehmungs- bzw. Verarbeitungsgeschwindigkeit, das Sprachverständnis und bestimmte Leistungen des Arbeitsgedächtnisses. Wenn es um Lernschwierigkeiten im Bereich des Lesens und Rechtschreibens geht, sollten für eine davon unabhängige Einschätzung der intellektuellen Leistungsfähigkeit vornehmlich solche Tests bzw. Untertests zum Einsatz kommen, bei denen die sprachgebundenen Kompetenzen nicht im Vordergrund stehen. Wenn es um Lernschwierigkeiten im Bereich des Rechnens geht, sind vor allem Tests und Untertests informativ, die ohne zahlenverarbeitende Inhalte auskommen.

Zu Recht ist das Kriterium der zweiten Diskrepanz – der IQ-Diskrepanz, wie es auch genannt wird – aus methodischer und inhaltlicher Sicht seit jeher in Frage gestellt worden. Unübersehbar sind mittlerweile die Befunde aus der Ursachen- und aus der Interventionsforschung, die für eine Differenzierung der lese-, rechtschreib- oder rechenschwachen Kinder nach dem Ausmaß der IQ-Diskrepanz ihrer schulischen Minderleistung keine Rechtfertigung ergeben. Es gibt auch methodologische bzw. testtheoretische Einwände.[20] Kinder- und Jugendtherapeut(inn)en, Kinderärzte und -ärztinnen, Neurolog(inn)en, Schulpsycholog(inn)en, Beratungslehrer(innen) und andere Diagnostiker(innen), die sich am einschlägigen Klassifikationssystem ICD-10 der Weltgesundheitsorganisation orientieren, halten gleichwohl an der Diskrepanzdiagnostik fest. Auch in den 2015 publizierten Leitlinien zur Diagnostik von Lese- und/oder Rechtschreibstörungen der Deutschen Gesellschaft für Kinder- und Jugendpsychiatrie, Psychosomatik und Psychotherapie (DGKJP) ist die IQ-Diskrepanz noch immer eine Option. Nur im konkurrierenden Diagnosesystem DSM-5 ist das nicht mehr der Fall.

Wer jetzt noch auf die Diskrepanzdiagnostik setzt, um Lernstörungen (im engeren Sinn) von Lernschwächen (also Lernstörungen im weiteren Sinn) zu differenzieren, reitet ein totes Pferd. In beiden Fällen ist die schulische Minderleistung das Entscheidende. Und gut damit! Das heißt nicht, dass die Intelligenzdiagnostik generell entbehrlich sei! Zum Ausschluss einer intellektuellen Beeinträchtigung ist sie weiterhin hilfreich. Denn jegliche Lernstörungsdiagnose (im engeren wie im weiteren Sinne) kann erst nach Ausschluss einer intellektuellen Beeinträchtigung gestellt werden. Ebenso muss übrigens das Vorliegen sensorischer Beeinträchtigungen (z. B. Seh- oder Hörstörungen) sowie neurologischer Erkrankungen ausgeschlossen werden. Das sind durchaus sinnvolle Ausschlusskriterien, weil die genannten Beeinträchtigungen eine andere als die bei einer Lernstörung indizierte Therapie erfordern können. Und weil es derzeit auch der schulrechtlichen Situation entspricht, für Kinder und Jugendliche mit einer intellektuellen Beeinträchtigung keine Lernstörung, sondern einen besonderen – nämlich sonderpädagogischen – Förderbedarf zu attestieren.

Sonderpädagogischer Förderbedarf

In der Logik der klinischen Klassifikationssysteme ICD-10 und DSM-5 ist es leicht zu verstehen, weshalb Kinder und Jugendliche mit Intelligenztestwerten < 70 von der Lernstörungsdiagnose ausgeschlossen

20 Zur Kritik am Kriterium der IQ-Diskrepanz: Büttner & Hasselhorn (2011); Ehlert, Schroeders & Fritz-Stratmann (2012); Fletcher, Stuebing, Morris & Lyon (2013); Gold (2015b, 2016); Stanovich (2005); Sternberg & Grigorenko (2002). Kritik an der Kritik: Hasselhorn & Büttner (in Druck).

bleiben: Für sie gibt es nämlich eine eigene Diagnosekategorie, die der *Intelligenzstörung* bzw. der *intellektuellen Beeinträchtigung*, welche als Ausdruck einer unvollständigen Entwicklung der allgemeinen geistigen Fähigkeiten gilt. Damit es nicht zu einer Doppeldiagnose kommt, gibt man in diesen Fällen der (umfassenderen) Intelligenzstörungsdiagnose den Vorrang vor der (spezifischeren) Lernstörungsdiagnose. Der Deutsche Bildungsrat – darauf wurde zuvor hingewiesen – hat bereits IQ-Werte < 85 als Anzeichen einer intellektuellen Minderbegabung gewertet und folglich auch in diesen Fällen einen sonderpädagogischen Förderbedarf gesehen. In der pädagogischen Praxis hat man sich meist daran orientiert. Halten wir fest: Anders als bei der Lernstörungsdiagnose gehen im Falle der Intelligenzstörungsdiagnose die schulischen Minderleistungen der Kinder und Jugendlichen zugleich mit einer intellektuellen Beeinträchtigung einher.

Lange Zeit war für die Kinder und Jugendlichen mit einer intellektuellen Beeinträchtigung schulrechtlich und -administrativ der Begriff der Lernbehinderung[21] gebräuchlich. Dass in der klinisch-medizinischen Tradition zusätzlich noch zwischen unterschiedlichen Schweregraden der intellektuellen Beeinträchtigung differenziert wird, fand in der schulorganisatorischen Einrichtung eigener Sonder- bzw. Förderschulen für Lernhilfe (55 < IQ < 85) im Falle der Lernbehinderung und eigener Schulen für praktisch Bildbare (IQ < 55) im Falle der geistigen Behinderung seinen Niederschlag. Ganz deckungsgleich sind allerdings die klinisch-medizinischen Kategorien der intellektuellen Beeinträchtigung (leicht, mittel, schwer) und die entsprechende schulorganisatorische Systematik nicht. Heute spricht man kaum noch von einer Lernbehinderung oder einer geistigen Behinderung, sondern von sonderpädagogischen Förderbedarfen in den Förderschwerpunkten *Lernen* oder *Geistige Entwicklung*.

Das Feststellungsverfahren sonderpädagogischen Förderbedarfs verantwortet die Schulaufsicht. Die Ausführungsvorschriften der Bundes-

21 Interessant sind hier zwei gegenläufige Entwicklungen. Während auf der einen Seite der vermeintlich stigmatisierende Begriff der (Lern-)Behinderung aus dem sonderpädagogischen Sprachgebrauch weitgehend entfernt wurde, bemühen sich demgegenüber die Interessenvertreter von Kindern und Jugendlichen mit einer Lernstörung (z. B. der Bundesverband Legasthenie & Dyskalkulie) um eine förmliche Anerkennung der intelligenzdiskrepanten Lernstörungen im Rechtssinne als Behinderungen.

länder sind uneinheitlich, sehen aber in der Regel den Einbezug testdiagnostischer Informationen (im Förderbereich Lernen einschließlich einer Intelligenzdiagnostik) im Rahmen eines Gutachtens vor (→ Kap. 6). Oft wird in den entsprechenden Schulgesetzen von einem mindestens zweijährigen Schulleistungsrückstand in Deutsch und Mathematik gesprochen, der ein wichtiger (erster) Hinweis auf einen Förderbedarf im Förderschwerpunkt Lernen sei. Entscheidungsbefugt ist das Schulamt bzw. die Bezirksregierung (z. B. in Baden-Württemberg und in Nordrhein-Westfalen) oder die Schulleitung im Benehmen mit der Schulaufsichtsbehörde (z. B. in Hessen). Die Einleitung eines Feststellungsverfahrens können sowohl die Erziehungsberechtigten als auch die Schulen beantragen. Mit der Feststellung sonderpädagogischen Förderbedarfs sind Entscheidungen bzw. Zusagen über Art und Ort von Fördermaßnahmen verbunden. Es ist zu erwarten, dass im Zuge einer zunehmenden Inklusionsorientierung des Schulwesens die Feststellungsverfahren sonderpädagogischen Förderbedarfs (im Förderschwerpunkt Lernen) eine andere Rolle als bislang spielen werden. Sowohl hinsichtlich der Förderquoten (im Mittel 2.6 % aller Schüler) als auch hinsichtlich der Anteile inklusiv unterrichteter Schülerinnen und Schüler unter jenen mit diagnostiziertem Förderbedarf (im Mittel 35 %) gibt es erhebliche Unterschiede zwischen den Bundesländern. In Bayern liegt die Förderquote im Förderschwerpunkt Lernen bei 1.9 Prozent (wovon 53 % inklusiv beschult werden), in Mecklenburg-Vorpommern bei 4.3 Prozent (davon 18 % inklusiv beschult). Inklusionsanteile über 50 Prozent gibt es außerdem in Berlin, Bremen, Hamburg und Schleswig-Holstein. Inklusionsanteile unter 30 Prozent gibt es außerdem in Hessen, Thüringen, Niedersachsen, Sachsen-Anhalt und Sachsen (4.1 %).

Lernverlaufsdiagnostik und Instruktionsresponsivität

Welche Alternativen zur herkömmlichen (Status-)Diagnostik des Lernstands gibt es? Seit einigen Jahren sind speziell in sonderpädagogischen Zusammenhängen prozessorientierte Verfahren im Sinne einer *formativen Lernverlaufsdiagnostik* im Einsatz.[22] Dabei geht es im Wesentlichen darum, Lernschwierigkeiten im Unterricht durch regelmäßig-klein-

22 Zur Lernverlaufsdiagnostik in der Schule vgl. Hasselhorn, Schneider & Trautwein (2014) sowie Souvignier, Förster & Zeuch (2016).

schrittige Überprüfungen der Lernfortschritte möglichst frühzeitig zu erkennen, um rasch individuelle Förderangebote planen und bereitstellen zu können. Die Lernverlaufsdiagnostik wird *formativ* genannt, weil die diagnostischen Informationen nicht (nur) zur bilanzierenden (summativen) Leistungsbewertung genutzt werden, sondern den Lehrpersonen als Anhaltspunkte für die weitere Unterrichtsplanung dienen, für notwendige Anpassungen des unterrichtsmethodischen Vorgehens und für das Einleiten von Maßnahmen individueller Förderung.

Aber nicht allein aufgrund ihrer formativen Ausrichtung unterscheidet sich die Lernverlaufsdiagnostik von der herkömmlichen Statusdiagnostik. Anders ist auch, dass wiederholte Messungen in kurzer Zeit durchzuführen sind und dass es sich um kurze und leicht auswertbare Testverfahren handeln muss, um die unterrichtliche Praktikabilität der Methode zu gewährleisten. Denn hilfreich können die Lernverlaufsmessungen nur sein, wenn sie die diagnostischen Informationen ohne großen Zusatzaufwand liefern. Schließlich muss neben der ganzen Diagnostik auch noch unterrichtet werden!

In sonderpädagogischen Zusammenhängen sind ganz einfache, nur ein oder zwei Minuten in Anspruch nehmende Testaufgaben gebräuchlich, die man fast täglich anwenden kann. Sie zielen etwa auf zentrale Indikatoren einer Basisfertigkeit, wie der Leseflüssigkeit oder des Kopfrechnens. Hierfür gibt es inzwischen standardisierte Testverfahren, so dass sich die Lehrerinnen und Lehrer die Testaufgaben nicht selbst ausdenken müssen. In der Tradition prozessorientierter Messungen stehen etwa die **Lernfortschrittsdiagnostik Lesen** (LDL) sowie die **Verlaufsdiagnostik sinnerfassenden Lesens** (VSL). Bis zu 40 Parallelversionen gibt es für diese Testverfahren, so dass sie sich tatsächlich zum engmaschig wiederholten Einsatz eignen. In ähnlicher Weise gibt es Verfahren zur **Lernverlaufsdiagnostik Mathematik** (LVD-M 2–4). Eine zusätzliche Erleichterung versprechen internetbasierte Systeme mit ihrer automatisierten Auswertung und Ergebnisdokumentation, wie etwa das von Elmar Souvignier entwickelte Verfahren mit dem Kunstnamen *quop* (http://www.quop.de/). Quop bietet Testreihen für die Inhaltsbereiche Lesen und Mathematik, vor allem in der Grundschule.

Die Lernverlaufsdiagnostik ist aber nur der erste Schritt. Wie im nachfolgenden → Kap. 3 ausgeführt wird, sind die lernverlaufsdiagnostischen Informationen ein wesentlicher Bestandteil der Konzepte bzw. Prinzipien der *Instruktionsresponsivität* (RTI) und der abgestuften

Unterstützungshierarchien. Vor allem das RTI-Konzept (Response to Intervention) gilt als vielversprechende Alternative zur früh klassifizierenden und separierenden Statusdiagnostik und als Musterbeispiel eines adaptiven Umgangs mit Lernschwierigkeiten im inklusiven Unterricht. Es zielt auf ein möglichst frühzeitiges Erkennen und Befriedigen individuellen Unterstützungsbedarfs im Regelunterricht. Die routiniert-engmaschige Lernverlaufsdiagnostik macht rasch sichtbar, ob ein Lerner zurückbleibt. Ist das der Fall, werden individuell angepasste und intensivere Fördermaßnahmen veranlasst. Reicht dies nicht aus, werden die Fördermaßnahmen abermals intensiviert. Erst ganz am Ende der Maßnahmenkette wird eine separate Förderung in besonderen Einrichtungen erwogen. In den Schulen auf der Insel Rügen wird dieser Ansatz seit einiger Zeit in größerem Maßstab mit wissenschaftlicher Begleitung erprobt.[23]

Gut zu wissen: Lernverlaufsdiagnostik

Eine regelmäßige Überprüfung der individuellen Leistungsentwicklung hat mehrere Vorteile. Zum einen liefert sie den Schülerinnen und Schülern Informationen darüber, was sie schon können, und was noch nicht. Für die Lehrerinnen und Lehrer kommen diese Informationen zudem einem Feedback über den Erfolg ihrer didaktischen Bemühungen gleich, denn sie können aus der Lernverlaufsdiagnostik schlussfolgern, wie erfolgreich ihr Vorgehen gewesen ist.

Entscheidend ist, dass die verlaufsdiagnostischen Informationen am Ende nicht in eine Leistungsbewertung einfließen. Deshalb stellt die Durchführung einer formativen Lernverlaufsdiagnostik für die Lerner auch keine Leistungs-, sondern eine Lernsituation dar. Gibt es nur einige Kinder und Jugendliche mit stagnierenden oder gar rückläufigen Lernverlaufsentwicklungen, wird dies zum Anlass individueller Unterstützungsmaßnahmen. Bleiben hingegen sehr viele Schülerinnen und Schüler hinter den Erwartungen zurück, ist dies ein Anlass, die Angemessenheit des unterrichtlichen Vorgehens überhaupt zu hinterfragen.

23 Zum Response to Intervention-Konzept (RTI) und zum Rügener Inklusionsmodell (RIM): Blumenthal, Kuhlmann & Hartke (2014); Ennemoser (2014); Fletcher (2012); Hartke & Diehl (2013); Mahlau et al. (2014).

Empirische Studien zeigen, dass die Lernverlaufsdiagnostik der herkömmlichen Statusdiagnostik im Hinblick auf ihre Lernwirksamkeit überlegen ist. Das hängt damit zusammen, dass die Lernverlaufsdiagnostik als Werkzeug genutzt wird, um eine zweckrationale Fundierung individueller Fördermaßnahmen zu ermöglichen.

Fazit

Eine pädagogisch-psychologische Testdiagnostik hilft bei der Feststellung und Objektivierung von Lernschwierigkeiten. Im Wesentlichen kommen dabei standardisierte Schulleistungs- und Intelligenztests zum Einsatz. Bei der Diagnosestellung sind kritische Grenzwerte sowie Ausschlusskriterien zu beachten. Das wichtigste Kriterium für eine Lernschwierigkeit ist das Vorliegen einer kritischen (negativen) Diskrepanz zu einer Alters- oder Klassennorm. Über das Ausschlusskriterium der intellektuellen Minderleistung werden Lernstörungen (im weiteren Sinne) üblicherweise von einer Lernbehinderung (einem sonderpädagogischen Förderbedarf im Bereich Lernen) unterschieden. Als vielversprechende Alternative zur herkömmlichen Statusdiagnostik gilt eine formative Lernverlaufsdiagnostik.

3 Individuelle Förderung im Unterricht

Kinder und Jugendliche mit Lernschwierigkeiten erzielen schlechtere Schulleistungen. Davon abgesehen sind sie Kinder und Jugendliche wie andere auch. Sie gehen zusammen mit den anderen in dieselbe Klasse – was sonst? Für die Arbeit mit leistungsheterogen zusammengesetzten Lerngruppen müssen bei der Unterrichtsgestaltung die unterschiedlichen Lernvoraussetzungen der Kinder berücksichtigt werden. Lehrerinnen und Lehrer haben das seit jeher getan, obgleich es unter den Bedingungen des Klassenunterrichts um ein Vielfaches komplizierter ist, den vielen unterschiedlichen Bedürfnissen zur gleichen Zeit gerecht zu werden, als das noch zu Zeiten des Hauslehrers der Fall gewesen sein mag. Jener brauchte sich oftmals nur auf einen einzigen Zögling einzustellen.

Selbst im gegliederten deutschen Sekundarschulwesen sind die Lernvoraussetzungen der Kinder und Jugendlichen, die gemeinsam eine Schulklasse besuchen, oft in erheblichem Maße heterogen – besonders groß ist das Ausmaß der Unterschiedlichkeit jedoch in den Grundschulklassen. Dass es in jeder Schulklasse einige Kinder mit Lernschwierigkeiten gibt, ist ein Teil dieser Heterogenität. Die aktuellen Bestrebungen um eine möglichst inklusive Bildungsbeteiligung der (vergleichsweise wenigen) Kinder und Jugendlichen mit einer (Lern-)Behinderung fallen dabei gar nicht so sehr ins Gewicht. Denn die weitaus meisten Kinder mit Lernschwierigkeiten – die mit einer Lernstörung im engeren und im weiteren Sinne – sind ja ohnehin schon da. Sie werden seit jeher in den allgemeinbildenden Schulen unterrichtet. Der Umgang mit Vielfalt ist der Normalfall.

Wie geht man im Unterricht mit den Kindern um, die besondere Schwierigkeiten mit dem Lesen, Rechtschreiben oder Rechnen haben?

Man muss sich in besonderer Weise um sie bemühen, keine Frage! Ihnen beim Lernen helfen – das *Lernen leichter machen!* Dazu bedarf es geeigneter Maßnahmen individueller Förderung. In → Kap. 3 geht es um jene pädagogischen Maßnahmen, die im Rahmen des Klassenunterrichts entweder für die gesamte Klasse oder im Zuge binnendifferenzierender Lernangebote für leistungsschwächere Teilgruppen während des Unterrichts zur Anwendung kommen. Im nachfolgenden → Kap. 4 werden Fördermaßnahmen vorgestellt, die im Sinne einer besonderen Einzelförderung oder als Förderung in kleinen Gruppen, beispielsweise in Förderklassen, speziell für Kinder und Jugendliche mit Lernschwierigkeiten durchführbar sind. Diese Unterscheidung ist nicht ganz trennscharf, weil es Förderprogramme und Förderprinzipien gibt, die sich sowohl für die unterrichtsadditive Individualförderung eignen als auch für den unterrichtlichen Einsatz in der Schulklasse. Auch dass von individueller Förderung oftmals nicht nur im Kontext binnendifferenzierender Maßnahmen auf der Kleingruppenebene gesprochen wird, sondern ebenso, wenn es um eine Individualisierung von Lehr-Lern-Prozessen geht, erschwert eine Abgrenzung zwischen »unterrichtsintegriert« und »unterrichtsadditiv«.[24]

»Individuelle Förderung« ist ohnehin ein schillernder Begriff, dem – wie es bei pädagogischen Begriffen nicht selten vorkommt – ein Potenzial zur nichtssagenden Beliebigkeit innewohnt.[25] Als Topos ist die individuelle Förderung jedenfalls aus fast keiner auf Schule und Unterricht gerichteten kultusministeriellen Verlautbarung oder bildungspolitischen Programmatik mehr wegzudenken. Fast muss man sich fragen: Warum sind wir nicht früher darauf gekommen? Und im Hinblick auf das Entstehen von Lernschwierigkeiten schleicht sich ein »Anfangsverdacht« ein: Hat es etwa mit einer unzureichenden individuellen Förderung und mit einer mangelnden Differenzierung des Lernangebots zu tun, dass es zu Lernschwierigkeiten kommt?

---

24 Allenfalls ließen sich die in → Kap. 3 behandelten Konzepte im Hinblick auf den Response to Intervention-Ansatz (RTI) als Maßnahmen auf der Förderebene bzw. -stufe I charakterisieren und die in → Kap. 4 behandelten Konzepte als Maßnahmen auf den Förderebenen II und III.

25 Das gilt auch für die Begriffe »Individualisierung«, »Umgang mit Heterogenität«, »Binnendifferenzierung« oder, wie es in der Lehr-Lern-Forschung oft heißt, »Adaptivität«.

Gemeint ist mit *individueller Förderung* zunächst einmal, dass mit einer Vielfalt von Lernangeboten und didaktischen Konzepten *im Unterricht* auf die Vielfalt der individuellen Lernvoraussetzungen reagiert wird. So wird der Unterricht an die unterschiedlichen Lernvoraussetzungen angepasst und nicht – was ja auch denkbar wäre – auf schulorganisatorischem Wege eine Homogenisierung der Lernvoraussetzungen betrieben, also eine Anpassung der Kinder und Jugendlichen an die unterrichtlichen Anforderungen. Andreas Helmke, einer der führenden deutschen Unterrichtsforscher, verweist auf seinen (und im Übrigen auch meinen) akademischen Lehrer Franz Weinert, wenn er dabei einem proaktiven Umgang mit den unterschiedlichen Lernvoraussetzungen der Schülerinnen und Schüler das Wort redet.[26] Wissend, dass nicht alle alles lernen und das Gleiche erreichen können, bedeutet dies, dass von Anfang an differenzierte Lernziele vorgegeben werden sollten und, speziell für die Leistungsschwächeren, zusätzliche Lernzeiten und wiederholende, nachhelfende Phasen zum Erreichen der basalen Lernziele einzuplanen sind. Wo die Binnendifferenzierung dazu nicht ausreicht, muss eine besondere Förderung einzelner Schülerinnen und Schüler durch Zusatzunterricht (Förderunterricht) hinzukommen.

Und was geschieht mit den Leistungsstärkeren? Würde das Prinzip der individuellen Förderung vornehmlich unter einem ausgleichenden Aspekt betrachtet, müssten Kinder und Jugendliche mit Lernschwierigkeiten oder mit bildungsrelevanten Risiken bzw. Benachteiligungen mehr Förderung als andere erhalten. Zielt die individuelle Förderung hingegen auf eine möglichst optimale Entfaltung aller individuellen Lernpotenziale, wären die Leistungsfähigeren gleichermaßen zu fördern. Dann aber würden die Leistungsunterschiede zwischen den Lernern, die im Wesentlichen durch ihre unterschiedlichen individuellen Lernvoraussetzungen bedingt sind, am Ende noch größer werden. Manchen irritiert diese Vorstellung. Dabei ist es unter dem Aspekt der Bildungsgerechtigkeit kein Problem, wenn die Unterschiede größer statt kleiner werden, so lange alle erforderlichen Anstrengungen unternommen werden, die Lerner mit ungünstigen Lernvoraussetzungen bzw. Benachteiligungen bis zum Erreichen von Mindeststandards zu fördern. Koste es, was es wolle. Auch wenn in diesem Buch der Blick auf die Kinder und

26 Helmke (2013, 2015). Zu individueller Förderung allgemein: Decristan & Klieme (2016); Fischer (2014).

Jugendlichen mit Lernschwierigkeiten gerichtet ist, scheint es wichtig zu betonen, dass mit dem Konzept der individuellen Förderung keine Einschränkung im Hinblick auf eine ausgleichende Funktion verbunden ist. Deshalb ist es richtig, dass über individuelle Förderung im Zusammenhang mit Hochbegabung und mit den Leistungspotenzialen im oberen Bereich ebenso gesprochen wird.

Adaptivität

In der Pädagogischen Psychologie spricht man von Adaptivität bzw. von adaptivem Unterricht, wenn es um die Anpassung des Unterrichts an die unterschiedlichen Lernvoraussetzungen der Schülerinnen und Schüler geht. Die Vorstellung, dass Lernanforderungen und -angebote einerseits und die individuellen Lernvoraussetzungen der Kinder und Jugendlichen andererseits zueinander passen sollten, ist natürlich keine neue Erkenntnis. Dass man »die Kinder dort abholen muss, wo sie stehen« ist genauso tradierte pädagogische Folklore wie das lernpsychologische Diktum, wonach das bereichsspezifische Vorwissen der wichtigste Einflussfaktor jeglichen Lernerfolgs sei und es deshalb nur darauf ankomme, »dieses Vorwissen zu ermitteln und den Lernenden entsprechend zu unterrichten«.

Wenn im Folgenden auf die drei wichtigsten Ausprägungen adaptiven Unterrichts eingegangen wird, darf eines nicht unerwähnt bleiben: Ein auf die individuellen Lernvoraussetzungen der Schülerinnen und Schüler abgestimmtes Vorgehen ist aufwendig und wird nicht selten die Möglichkeiten einer einzelnen Lehrperson übersteigen. Zumal sich die Heterogenität der individuellen Lernvoraussetzungen nicht allein auf die im engeren Sinne kognitiven Lernvoraussetzungen und auf den jeweiligen Vorwissensstand beschränkt, die wir in → Kap. 2 als besonders wichtige Determinanten der schriftsprachlichen und mathematischen Kompetenzentwicklung bezeichnet haben. Vielmehr sind auch die sprachlichen Kompetenzen der Kinder sowie ihre selbstregulativen Kompetenzen unterschiedlich ausgeprägt, ebenso wie das Ausmaß und die Qualität der lernbezogenen Unterstützung, die sie im Elternhaus erfahren. Umso mehr sind die Lehrerinnen und Lehrer auf schwierigkeitsgestufte und didaktisch differenzierte Lehrmaterialien angewiesen und auf praktikable Diagnoseverfahren, um die Maßnahmen individueller Förderung zu fundieren. Sie benötigen auch professionelles Wissen darüber, wie man Kindern und Jugendlichen mit Deutsch als Zweit- bzw. als Fremdsprache im Unterricht helfen kann, welche Lehrmethoden und Sozialformen für den differenzierenden Unterricht besonders geeignet sind, und welche zusätzlichen Möglichkeiten das Unterrichten in jahrgangsgemischten Gruppen bietet (→ Kap. 7).

Am Ende – man ahnt es schon – wird das nicht zuletzt eine Ressourcenfrage sein, aber auch eine Frage der Prioritätensetzung. Verweigern können wir uns dem Passungs- und Differenzierungsgedanken allerdings nicht. Werden unterschiedliche Lernvoraussetzungen missachtet, bleiben Lernpotenziale im gemeinsamen Unterricht ungenutzt. Gelten Formen äußerer schulischer Differenzierung als Maßnahmen zur leistungsbezogenen Homogenisierung von Lerngruppen bildungspolitisch nicht als opportun und wissenschaftlich zudem als umstritten, scheint eine adaptive Unterrichtspraxis letztlich alternativlos. Eine Zumutung ist es allerdings, wenn die wohlfeile und mit einem erheblichen Mehraufwand verbundene Aufforderung nach »mehr individueller Förderung« nicht ausreichend durch die dazu notwendigen schuladministrativen und -rechtlichen Veränderungen flankiert wird. Dabei ist doch der Anspruch auf individuelle Förderung als Selbstverpflichtung in den Schulgesetzen der Bundesländer verankert (→ Kap. 6).

Lernen leichter machen: Das Lernziel anpassen

Wie aber lässt sich der Unterricht den besonderen Bedürfnissen der schwächeren Lerner anpassen? Indem man das Lernziel, die Lehrmethode oder die zugebilligte Lernzeit variiert! *Lernzieladaptiv* ist der Unterricht dann, wenn nicht alle das gleiche Kompetenzniveau erreichen müssen und wenn etwa für die Leistungsschwächeren die Aufgabenmenge und -komplexität reduziert werden. Bei der Unterrichtsplanung ist also schon zu bedenken, dass entweder von vornherein unterschiedlich komplexe Aufgaben gestellt werden oder solche Impulsaufgaben verwendet werden, die unterschiedliche und unterschiedlich komplexe Lösungswege zulassen. An einer einzigen Aufgabenstellung können ganz unterschiedliche Kompetenzniveaus abgebildet werden. Das kann über unterschiedliche Teilaufträge geschehen. Beispielsweise können (leichtere) Teilaufgaben definiert werden, bei denen es nur um ein Erkunden, ein Wahrnehmen bzw. um ein Vermessen geht, oder Teilaufgaben, bei denen es um ein Sichten bzw. Ordnen von Aspekten oder Komponenten geht. Es können aber auch anspruchsvollere Teilaufgaben gestellt werden, die ein Abwägen und Prüfen sowie Schlussfolgern erforderlich machen, oder Teilaufgaben, bei denen stringent argumentiert und kritisch bewertet werden muss. Wenn es den Schülerinnen und Schülern selbst überlassen wird, welche Aufgaben einer Aufgabensammlung sie zur Bearbeitung auswählen – mit anderen Worten: welche sie sich selbst zutrauen –, spricht man übrigens von selbstdifferenzierenden Aufgaben oder von schülergesteuerten Formen der Individualisierung.[27]

Die in Schleswig-Holstein entwickelte Materialsammlung »Mathe macht stark« (IQSH, 2011) – es gibt sie für die Grundschule und für die Sekundarstufe I – ist ein Beispiel für eine lehrergesteuerte Form lernzieldifferenten Unterrichtens. Nach individuellen Lernstandsdiagnosen zur Standortbestimmung gibt es für die Schülerinnen und Schüler Arbeitshefte für drei Niveaustufen mathematischen Vorwissens. Anschließend erfolgen individuelle Rückmeldungen zu den jeweiligen Lernfortschritten bei den Aufgabenbearbeitungen. Ein gemeinsames Lernziel für alle gibt es nicht, vielmehr sollen alle gemäß ihrer Möglichkeiten möglichst weit auf ihrer jeweiligen Niveaustufe vorankommen. Evaluationsstudien zeigen, dass die leistungsschwächeren Schülerinnen und Schüler von diesem Vorgehen mehr profitieren, als wenn sich das unterrichtliche Vorgehen an einem gefühlt »mittleren Leistungsniveau« orientiert.

Eine konsequente Anpassung der Leistungsanforderungen an die individuellen Lernvoraussetzungen verträgt sich – wie man sich denken kann – nicht sonderlich gut mit dem Anlegen sozialer Bezugsnormen bei der Leistungsbewertung. Denn normierte Leistungsanforderungen sind so ziemlich das Gegenteil dessen, was man unter einem individualisierten Unterricht versteht. Summative Leistungsüberprüfungen mit für alle gleichen Leistungsanforderungen kann es im zieldifferenten Unterricht nicht geben. In → Kap. 6 werden wir darauf zurückkommen, welche schulrechtlichen Probleme das mit sich bringt. Das heißt aber nicht, dass Leistungsbewertungen im individualisierten Unterricht verzichtbar wären. Nur sollten sie sich auf den gesamten Lernprozess und nicht nur auf ein finales Produkt beziehen, und sie sollten

27 Annemarie von der Groeben (2013) hat anhand eines Unterrichtsbeispiels aus der Bielefelder Laborschule ein Mosaik der Individualisierungsschritte aufgezeichnet und die Differenzierungen von Aufgaben und Arbeitsformen anschaulich beschrieben (zusammenfassend: von der Groeben, 2015).

mehrdimensional angelegt sein, also z. B. die Sorgfalt der Bearbeitung ebenso thematisieren wie die Quantität und Qualität der Lösungsvorschläge und die Verständlichkeit der Ausführungen. Zudem sollte nicht der Leistungs-, sondern der Lerncharakter überwiegen, indem notwendige Korrekturen und Hilfen im Zusammenhang mit der individuellen Leistungsrückmeldung angeboten werden. Transparent sollten solche Bewertungskriterien natürlich auch sein.

Lernen leichter machen: Die Lernzeit anpassen

Lernzeitadaptiv ist der Unterricht dann, wenn diejenigen, die mehr Zeit zum Lernen benötigen, diese auch gewährt bekommen. Auch das läuft auf eine Individualisierung von Unterricht hinaus. Kinder mit Lernschwierigkeiten benötigen in aller Regel mehr Zeit, um etwas zu verstehen und zu behalten. Nicht immer ist es allerdings damit getan. Oftmals bedarf es auch einer anderen Form der Instruktion oder einer Anpassung der Aufgabenanforderungen an die individuellen Möglichkeiten (s. o.). Im Ganztag lässt sich das Zeitproblem leichter lösen als im zeitlich eng getakteten Modell der auf den halben Tag begrenzten Unterrichtszeiten. Dann braucht die Unterrichtsstunde nicht durch ein langsameres Voranschreiten und durch zusätzliche Wiederholungen belastet zu werden. Denn die Akzeptanz inklusiver Unterrichtspraktiken wird letzten Endes auch davon abhängen, ob die leistungsstärkeren Schüler ebenso gefordert und gefördert werden und ob sie nicht zu lange darauf warten müssen, bis auch der letzte Schüler mit Lernschwierigkeiten eine Aufgabe verstanden hat.

Gut zu wissen: Nachhilfe

Nachhilfe ist zusätzliche Lernzeit zum Erwerb von Kenntnissen und Fertigkeiten. Meist wird sie in der Sekundarstufe in Anspruch genommen, um Wissenslücken zu schließen. Es gibt aber auch eine Tendenz zur leistungsoptimierenden Nachhilfe in den letzten beiden Grundschuljahren, um eine angestrebte Übergangsempfehlung sicherzustellen.

Außerschulische Nachhilfe wird selektiv in Anspruch genommen und verschärft das Problem der sozialen Disparitäten im Bildungswesen. Klaus und Annemarie Klemm (2010) haben in ihrer Expertise für die Bertelsmann Stiftung kommerzielle Nachhilfe als »teuren und unfairen Ausgleich für eine fehlende individuelle Förderung« in der Schule bezeichnet (s. auch Klemm & Hollenbach-Biele, 2016).

Über die Wirksamkeit von Nachhilfe und über die Mechanismen, die ihrer möglichen Wirksamkeit zugrunde liegen, wissen wir noch nicht genug. Es gibt zu wenige empirische Studien, die den notwendigen methodischen Anforderungen genügen. Die Ergebnisse aus diesen Studien sind zudem uneinheitlich.

Schulrechtlich ist übrigens das Gewähren zusätzlicher Lernzeiten im Unterricht – selbst in Prüfungssituationen – weitaus unproblematischer als ein Abweichen von allgemeinen Grundsätzen der Leistungsbewertung, wie es im Zusammenhang mit dem oben beschriebenen zieldifferenten Unterrichten der Fall ist (→ Kap. 6). Das Gewähren zusätzlicher Lernzeiten in Prüfungssituationen zum Zwecke des Nachteilsausgleichs setzt allerdings voraus, dass zuvor eine Lernstörungsdiagnose gestellt worden ist (→ Kap. 2).

Unter den Formen des offenen Unterrichts werden oftmals die Wochenplanarbeit und das Stationenlernen als Realisierungsmöglichkeiten für ein zeitadaptives Vorgehen genannt, aber im Grunde ist es bei nahezu allen Unterrichtsmethoden möglich, Kindern mit Lernschwierigkeiten mehr Zeit einzuräumen, um eine Aufgabe zu bearbeiten. Weil das im Klassenunterricht zur Verfügung stehende Zeitbudget endlich ist, muss man sich allerdings darüber im Klaren sein, dass das lernzeitadaptive letztlich auch auf ein lernzieladaptives Vorgehen hinauslaufen wird.

Auch außerschulische Nachhilfe lässt sich als zeitadaptive Zusatzförderung interpretieren, im Sinne eines Aufarbeitens von Verstehensdefiziten durch wiederholtes Erklären und ein intensiveres Üben. Gute Nachhilfe wird dabei nicht nur Vorkenntnislücken schließen, sondern auch Lernstrategien vermitteln und gegebenenfalls andere, geeignetere Formen des Erklärens finden als die im Unterricht verwendeten. Sie geht damit über ein einfaches »Mehr« an individueller Lernzeit hinaus. Im Idealfall trägt sie dazu bei, die Verstehensprobleme an der Wurzel zu packen, defizitäre individuelle Lernvoraussetzungen zu verbessern, und einen anderen methodischen Zugang zum Wissenserwerb zu erschließen.

Im Ganztag – der als bildungspolitisch gewünschte Alternative zur außerschulischen Nachhilfe gilt – entspricht das Konzept der *indivi-*

duellen Lernzeiten einer Realisierung der Lernzeitadaptivität. Gemeint sind fest eingeplante Übungsphasen am Nachmittag, in welchen intensiv und in kleinen Gruppen eine Fortführung der vormittäglichen Wochenplanarbeit oder des Stationenlernens oder eine Individualförderung in Fortführung des Klassenunterrichts betrieben wird. So werden die klassischen Haus- zu Schulaufgaben. Für die nicht förderbedürftigen Kinder werden weiterführende Vertiefungen und gänzlich neue Projekte angeboten.

Gut zu wissen: Ganztag

Außerschulische Nachhilfe und Hausaufgaben überflüssig zu machen, sind nur zwei Argumente unter mehreren, die das Modell der Ganztagsschule begründen. Es sind allerdings diejenigen, die sich im Sinne einer ausgleichenden individuellen Förderung als schulsystemische Antwort auf die unterschiedlichen Unterstützungsqualitäten in den Familien verstehen lassen. Die Verlängerung der Lernzeit in einer schulischen Lernumgebung gilt als Prototyp eines lernzeitadaptiven Vorgehens, weil es den leistungsschwächeren Lernern nutzt, ohne den stärkeren Lernern zu schaden. Ergebnisse zur Wirksamkeitsprüfung der Ganztagsangebote deuten auf protektive Wirkungen für die Leistungsschwächeren hin (Züchner & Fischer, 2014).

Grundsätzlich lassen sich alle möglichen Formen des Förderunterrichts bzw. der unterrichtsadditiven Förderkurse als Realisierungen des zeitadaptiven Prinzips betrachten. Neben der kommerziell oder privat betriebenen Nachhilfe werden solche (schulischen) Förderkurse wohl die häufigste Variante individueller Förderung sein, teilweise sind sie in den schulrechtlichen Verordnungen explizit erwähnt (→ Kap. 6). Wo notwendige Förderzeiten in der Stundentafel nicht zur Verfügung stehen, wird man Prioritäten setzen müssen. Im Sinne eines lernzieladaptiven Vorgehens mag das dazu führen, dass für die leistungsschwächeren Schülerinnen und Schüler einer Gemeinschaftsschule beispielsweise auf eine zweite Fremdsprache verzichtet wird, um in der dadurch gewonnenen Zeit Basiskompetenzen in den Kernfächern einzuüben.

Das Mantra des lernzeitadaptiven Prinzips – daran sei nochmals erinnert – ist ganz schlicht: Wer mehr Zeit benötigt, bekommt sie einfach! Denn alle können (fast) alles lernen, wenn man ihnen nur genug Zeit dazu lässt. Anders gesagt: Lernen wird dann erfolgreich sein, wenn so viel Lernzeit zur Verfügung gestellt und auch aufgewendet wird, wie ein Lerner aufgrund seiner individuellen Lernvoraussetzungen und aufgrund seiner Vorkenntnisse benötigt. Zu schulischen Minderleistungen sollte es dann gar nicht erst kommen. Zu Ende gedacht ist das Lernzeitparadigma eine nicht weniger umwälzende Idee als die lernzieladaptive Variante der Individualisierung, wonach die Kinder zwar gemeinsam, aber Verschiedenes lernen. Denn in den allermeisten Zusammenhängen definiert unsere Leistungsgesellschaft eine Leistung nicht nur nach ihrem Niveau, sondern auch über die Zeiteinheit, in der sie erbracht wurde. Der lernzeitadaptive Gedanke ist dazu bewusst konträr. Bleibt die Frage, wo im Klassenunterricht die zusätzliche Lernzeit für die Lernschwächeren eigentlich herkommen soll und was die »schnelleren« Lerner tun sollen, während den »langsameren« Lernern die Zusatzzeiten gewährt werden?

Lernen leichter machen: Die Lehrmethode anpassen

Lehrmethodenadaptiv nennt man ein Vorgehen, bei welchem die Lehrmethode an die besonderen Eigenschaften oder Bedürfnisse der einzelnen Lerner angepasst wird – in unserem Fall an die besonderen Bedürfnisse von Schülerinnen und Schülern mit Lernschwierigkeiten. Ursprünglich geht das Prinzip der Lehrmethodenadaptivität auf Überlegungen und Studien von Lee Cronbach zurück, der in den 1970er-Jahren auf bedeutsame Wechselwirkungen zwischen den Merkmalen (Eigenschaften) von Lernern auf der einen Seite und einer im Unterricht verwendeten Lehrmethode auf der anderen Seite aufmerksam machte. Cronbach fand heraus, dass es die beste Lehrmethode für alle gar nicht gibt, sondern dass je nach Lernereigenschaften (also zum Beispiel je nach dem Vorwissensstand der Lerner) ganz unterschiedliche Lehrmethoden für den Lernerfolg günstig sind.[28] Direkt nutzbar für die Unterrichtspraxis war diese Erkenntnis allerdings nicht, denn man kann ja schlecht jeden einzelnen Lerner nach einer eigenen Methode unterrichten. Und es wäre auch extrem aufwendig, müsste man für jeden einzel-

28 Cronbach & Snow (1977). Zur Adaptivität allgemein: Gold (2011); Hasselhorn & Gold (2013).

nen Lerner zunächst einmal ermitteln, welches die beste Methode für ihn ist. Dennoch ist die Einsicht in die Wechselwirkungen zwischen Lernermerkmalen und Lehrmethoden von großer Bedeutung gewesen, ließ sie doch die Suche nach einer für alle am besten funktionierende Lehrmethode als unnütz erscheinen.

Wichtige *Merkmale von Lernern* sind beispielsweise ihre Vorkenntnisse oder ihre Intelligenz, aber auch ihre sprachlichen Kompetenzen, ihre Ängstlichkeit, ihr sachbezogenes Interesse, die Funktionalität ihres Arbeitsgedächtnisses oder ihre Fähigkeiten zur Selbstregulation. Bei den *Lehrmethoden* unterscheidet man zwischen den stärker »lenkenden« darstellenden Methoden und den eher »offenen«, die als entdecken lassende und problemorientierte Vorgehensweisen eine ausgeprägtere Selbststeuerungskomponente des Lerners aufweisen. Hinzu kommt die Gruppe der »kooperativen« Methoden, bei welchen eine andere Sozialform zum Einsatz kommt.

Jede einzelne Lehrmethode lässt sich mehr oder weniger gut anwenden und von den Dimensionen der Unterrichtsqualität wird es am Ende abhängen, wie lernwirksam sie ist. Die Frage ist allerdings, ob es darüber hinaus Hinweise gibt, die für eine differenzielle Wirksamkeit der einen oder der anderen Methode im Hinblick auf Kinder mit Lernschwierigkeiten sprechen? Solche Befunde gibt es und sie weisen im Wesentlichen alle in die gleiche Richtung: Dass nämlich Kinder und Jugendliche mit Lernschwierigkeiten am meisten von den stärker angeleiteten Methoden profitieren, bei denen ein höherer Grad an Strukturierung sowie ein hoher Anteil an Übungen und Wiederholungen gewährleistet sind, und wo auf eine effiziente Lernzeitnutzung geachtet wird.[29] Auf den letzten Punkt werden wir im Zusammenhang mit der Klassenführung noch einmal zu sprechen kommen. Im anschließenden → Kap. 4 wird deutlich, dass dies auch die Merkmale erfolgreicher Förderprogramme auf der Individualebene sind, also bei der unterrichtsergänzenden Förderung. Hinzu kommen dort weitere Empfehlungen: Kleinschrittig vorgehen und explizit erklären, Lernfortschritte

29 Eckhard Klieme (z. B. Decristan & Klieme, 2016) hat im Zusammenhang mit dem inklusiven Unterricht auf ein Spannungsfeld hingewiesen: Forschungsbefunde lassen für die Kinder mit sonderpädagogischem Förderbedarf oft eine stärkere Steuerungskomponente angeraten erscheinen, wohingegen die programmatischen Empfehlungen zum inklusiven Unterricht (beispielsweise der Konferenz der Kultusminister) eher ganzheitlich-offenen Unterrichtskonzepten das Wort reden.

regelmäßig überprüfen, die Lerner kognitiv aktivieren und konstruktiv unterstützen, die Methode des kognitiven Modellierens nutzen.

Muss deshalb in den leistungsheterogen zusammengesetzten Klassen auf den Einsatz der entdecken lassenden »offenen« Methoden und auch auf die »kooperativen Methoden« verzichtet werden? Natürlich nicht! Es ist nur dafür Sorge zu tragen, dass die Kinder mit Lernschwierigkeiten durch differenzierende Maßnahmen der Lernziel- und Lernzeitadaptivität die notwendigen Hilfen und Erleichterungen erhalten. Das heißt, dass sie die passenden Arbeitsaufträge bekommen und mehr Unterstützung. Anhand zweier Peer-Tutoring-Verfahren aus dem Bereich der basalen Leseförderung, die sich für den Einsatz in der gesamten Klasse eignen, lässt sich das illustrieren: Zur Förderung der Leseflüssigkeit hat sich der Einsatz von *Lautlese-Tandems* bewährt, die auf den Prinzipien des wiederholten, begleiteten und korrigierten Lautlesens basieren. Die leistungsbezogene Differenzierung besteht in der Zuweisung der unterschiedlichen Rollen innerhalb eines Tandems. Der schwächere Leser wird zum Tutanden, der bessere fungiert als Tutor. Gemeinsam lesen sie halblaut und wiederholt denselben Text, wobei sich der Tutor in der Geschwindigkeit an seinen Tutanden anpasst und die auftretenden Lesefehler verbessert. Mit fortschreitender Übung stellt der Tutor das laute Mitlesen ein und der Tutand liest so lange alleine weiter, bis er wieder einen Fehler macht. Dann beginnt das synchrone Lautlesen von vorne. Ganz ähnlich funktioniert die Fördermethode der *Lese-Sportler*, bei welcher – ebenfalls in Tandems – neben der Leseflüssigkeit auch das Leseverständnis trainiert wird. Der Clou bei den Lese-Sportlern besteht darin, dass die diagnostischen Informationen aus vorangegangenen Lernverlaufsmessungen für eine individualisierte Förderplanung und Förderung genutzt werden. Als Methoden werden wiederum Varianten des wiederholten lauten Lesens – zur Förderung der Leseflüssigkeit – sowie des reziproken Lehrens – zur Förderung des Leseverständnisses – eingesetzt. Beide Methoden werden im Übrigen kleinschrittig und systematisch durch die Lehrperson erklärt, bevor ein selbstständiges Üben in Paaren beginnt. Die Fördermaterialien gibt es auf unterschiedlichen Schwierigkeitsniveaus.[30]

30 Rosebrock, Nix, Rieckmann & Gold (2014); Schulte & Souvignier (2013); Souvignier, Förster & Schulte (2014).

Gut zu wissen: Flexible Eingangsstufe und jahrgangsübergreifender Unterricht

Weil die zu einem bestimmten Stichtag schulpflichtigen Kinder meist nicht in gleicher Weise schulbereit sind, wird seit vielen Jahren an einer Optimierung des Schuleingangs bzw. des Anfangsunterrichts gearbeitet. Dies auch, weil sich die schulorganisatorischen Instrumente der Rückstellung bzw. der vorzeitigen Einschulung nicht bewährt haben. Als flexible Eingangsstufe bezeichnet man die Einrichtung einer jahrgangsübergreifenden Eingangsklasse, in welcher die Kinder mindestens ein Jahr und maximal drei Jahre verbleiben.

Ohnehin eröffnet der jahrgangsübergreifende Unterricht vielfältige Möglichkeiten für ein lernziel- und lernzeitadaptives Vorgehen, weil es mit der Vergrößerung der Lerngruppe und aufgrund der größeren Heterogenität unabdingbar wird, Teilgruppen von Kindern »besonders« zu behandeln. Sofern personelle und andere Rahmenbedingungen gegeben sind, ist mithin die Auflösung des Jahrgangsprinzips eine mögliche Antwort auf die unterschiedlichen Lernvoraussetzungen.

Eine andere, nämlich präventiv-kompensatorische Vorgehensweise, wird in Baden-Württemberg verfolgt (→ Kap. 5). Kinder mit schulrelevanten Entwicklungsrisiken erhalten im Jahr vor der Einschulung eine intensive Zusatzförderung (Hasselhorn, Ehm, Wagner, Schneider & Schöler, 2015).

Ist die individuelle Förderung durch ein lernziel-, lernzeit- und lehrmethodenadaptives unterrichtliches Vorgehen etwas anderes, als das, was man von einem guten Unterricht ohnehin erwarten würde? Eigentlich nicht! Adaptiver Unterricht ist guter Unterricht. Guter Unterricht ist stets adaptiv. Über alle Individualisierungs- und Adaptivitätsrhetorik darf deshalb nicht in Vergessenheit geraten, dass es im Unterricht darum geht, die Kinder und Jugendlichen zum Denken herauszufordern und sie beim Lernen zu unterstützen. Alle Kinder und Jugendlichen.

Lernen leichter machen: Durch guten Unterricht

Kinder und Jugendliche mit Lernschwierigkeiten profitieren von den allgemeinen Merkmalen guten Unterrichts wie andere Kinder und Jugendliche auch.[31] Mehr noch: Für sie ist es besonders wichtig, dass die Dimensionen der Unterrichtsqualität beim unterrichtlichen Handeln berücksichtigt werden. Das lässt sich etwa für die beiden Qualitätsdimensionen »Klassenführung« und »konstruktive Unterstützung« anhand der Ergebnisse einer empirischen Studie illustrieren.[32] Für Kinder mit geringeren Vorkenntnissen und mit sprachlichen Defiziten spielt eine effiziente Klassenführung – und auch eine konstruktive Unterstützung – nachweislich eine größere Rolle für die Leistungsentwicklung als für andere Kinder. Wie sich an den differenziellen Leistungsentwicklungen von Kindern mit und ohne Migrationshintergrund ablesen lässt, wirken eine gute Klassenführung und eine angemessene konstruktive Unterstützung für Kinder mit Migrationshintergrund besonders leistungsförderlich und protektiv. Die beiden Qualitätsmerkmale waren auch für Kinder ohne Migrationshintergrund leistungsförderlich, aber nicht im gleichen Maße. Im Umkehrschluss heißt das, dass eine ineffiziente Klassenführung Kinder mit bildungsrelevanten Risiken besonders benachteiligt.

Die wichtigsten Dimensionen der Unterrichtsqualität sind die folgenden:

1. Zum Denken herausfordern
2. Individuelle Lernprozesse unterstützen
3. Individuelle Lernfortschritte erfassen
4. Eine Klasse effizient führen

Aufgaben, die *zum Denken herausfordern,* motivieren zum Lernen und setzen Lernprozesse in Gang. Oft wird das auch als »kognitive Aktivierung« bezeichnet. Kognitiv aktivierend sind Aufgaben, die einen Alltagsbezug haben und vorhandene Interessen der Kinder aufgreifen. Auch Aufgaben, die mehrere Lösungen oder unterschiedliche Lösungswege zulassen, sind anregend. Die Aufgaben bzw. Fragen dürfen nicht

31 Zu den Dimensionen der Unterrichtsqualität: Gold (2015a); Helmke (2015); Kunter & Trautwein (2013).

32 Seiz, Decristan, Kunter & Baumert (in Druck).

so leicht sein, dass man sie aus dem Gedächtnis heraus beantworten kann, und nicht so schwierig, dass sie die Lerner entmutigen. Vielmehr sollen sie »dosierte Diskrepanzerlebnisse« zwischen dem bereits vorhandenen Wissen und einem nicht allzu weit entfernt liegenden Zielzustand auslösen. Lehrerinnen und Lehrer müssen es aber auch aushalten, dass anspruchsvollere Fragen mehr Zeit erfordern, um sie zu bearbeiten.

Lernprozesse müssen nicht nur in Gang gesetzt, sondern auch durch die Lehrperson *unterstützt* werden. Das wird als »konstruktive Unterstützung« bezeichnet. Auf der kognitiven Ebene hilft beispielsweise eine inhaltliche Strukturierung des Lernstoffes. Auch sachbezogene Rückmeldungen unterstützen das Lernen. Auf der Beziehungsebene ist es wichtig, Wertschätzung und Akzeptanz zu vermitteln, damit ein günstiges Lernklima entsteht. Jede Form der individuellen Förderung wird naturgemäß lernunterstützend angelegt sein. Wo Lerninhalte und Lernzeiten sowie das Ausmaß zusätzlicher Hilfen an die individuellen Lernvoraussetzungen angepasst werden, ist das konstruktiv unterstützend. Auch im Tempo des unterrichtlichen Vorgehens, im Umgang mit fehlerhaften Schülerantworten und in der Art und Weise, wie individuelle Rückmeldungen gegeben werden, drückt sich das Maß an konstruktiver Unterstützung aus.

Eine unterrichtsbegleitende Lernverlaufsdiagnostik informiert Schülerinnen und Schüler darüber, wo sie stehen und was noch zu tun ist. Oft wird das auch als »formative Diagnostik« oder als formatives Assessment bzw. formative Evaluation bezeichnet. Noch wichtiger sind diese regelmäßigen *Lernfortschrittsmessungen* für die Lehrperson. Sie zieht daraus Rückschlüsse über die Angemessenheit ihres bisherigen Vorgehens und Konsequenzen für weiteres Handeln. Natürlich sind die formativen Lernverlaufsmessungen zunächst einmal mit einem Zusatzaufwand verbunden – der zahlt sich allerdings aus. Für die Lehrerinnen und Lehrer ist es entscheidend, dass zeitökonomische und praktikable Formen solcher Lernverlaufsmessungen zur Verfügung stehen. In → Kap. 2 sind Instrumente genannt worden, die das leisten können. Auf die internetbasierte Lernverlaufsdiagnostik quop wurde in diesem Zusammenhang bereits hingewiesen.

Wenn in Ruhe gelernt werden kann, maximiert das die aktive Lernzeit. Gute *Klassenführung* ist störungspräventiv und beginnt mit einer sorgfältigen Unterrichtsplanung und dem frühzeitigen Einführen von

Routinen und Regeln. Zu den wichtigsten Prinzipien einer störungspräventiven Klassenführung gehören die Allgegenwärtigkeit der Lehrperson, die Reibungslosigkeit des Unterrichtsablaufs, das Aufrechterhalten des Gruppenfokus sowie die Interessantheit bzw. der Herausforderungscharakter des Unterrichts. Allgegenwärtig sind Lehrpersonen, die mehrere Dinge zur gleichen Zeit tun können und dabei die gesamte Klasse im Blick haben. Für einen möglichst reibungslosen Unterrichtsablauf ist eine detaillierte Unterrichtsplanung hilfreich. Phasen des Stillstands werden leicht zum Einfallstor für Unruhe oder Störungen. Der Gruppenfokus wird aufrechterhalten, wenn Aufgaben und Aufträge stets an die gesamte Klasse gerichtet werden. Dass man möglichst abwechslungsreich und intellektuell herausfordernd unterrichten sollte, ist deshalb von Bedeutung, weil Langeweile der Feind des aktiven Lernens ist. Gute Lehrerinnen und Lehrer wissen natürlich auch, wie man mit Störungen umgeht, was also zu tun ist, wenn die Störungsprävention versagt.

Gut zu wissen: Vergesst Hattie!

In den Büchern des neuseeländischen Bildungsforschers John Hattie sind die Ergebnisse einer monumentalen Metaanalyse über das, was in der Schule wirklich wirkt, zusammengefasst (Hattie, 2013, 2014). Auf die Lehrerinnen und Lehrer kommt es demnach mehr an als auf Schulstrukturen, auf die Lernvoraussetzungen der Kinder und auf ihre Elternhäuser. Genauer: Es kommt darauf an, was die Lehrerinnen und Lehrer im Unterricht tun, und welche Eigenschaften bzw. Merkmale sie und ihr Handeln auszeichnen. Hattie zufolge sind formative Evaluationen, Feedback, reziprokes Lehren, die so genannte RTI-Methode sowie die Glaubwürdigkeit und die Klarheit einer Lehrperson besonders lernförderlich. Aber letztlich wird jeder Leser unter den 150 Einflussfaktoren ein paar finden, die das stützen, was man immer schon geglaubt hat.

Bei aller berechtigten Kritik im Detail ist es ein großes Plus der Hattie-Studie, dass sie die Evidenzbasierung pädagogischen Handelns unterstreicht. Für die Unterrichtspraxis ist die Rangliste der 150 Tops und Flops allerdings wenig brauchbar, weil sie die Dimensionen der Unterrichtsqualität nicht so sichtbar macht, wie man sich das wünschen würde. Hatties Liste ist nämlich nur dann informativ, wenn man bereits über einen Kompass verfügt, um sich im Durcheinander von Lehrermerkmalen, Unterrichtsmethoden, didaktischen Prinzipien und spezifischen Förderprogrammen zurechtzufinden. Im Übrigen gaukelt die Rangliste Exaktheit vor, wo sie nicht gegeben ist.

Lernen leichter machen: Diagnostizieren und Fördern

Individuelle Förderung und Diagnostik sind notwendig miteinander verbunden. In der statusorientierten Lernstörungsdiagnostik, aber auch beim Feststellungsverfahren sonderpädagogischen Förderbedarfs im Förderschwerpunkt Lernen, geht es ja nicht nur um die Feststellung eines (rechtlichen) Anspruchs auf eine besondere bzw. sonderpädagogische Förderung. Sondern es geht auch um die Begründung und Auswahl von Fördermaßnahmen und -verfahren sowie um das Erstellen (und um die anschließende Umsetzung) individueller Förderpläne. Weil der Erfolg oder Misserfolg solcher Maßnahmen wiederum einer lernstandsdiagnostischen Absicherung bedarf, lässt sich mithin von einem fortwährenden Zyklus aus Diagnostizieren, Fördern und Diagnostizieren sprechen. Bei den Schülerinnen und Schülern mit sonderpädagogischem Förderbedarf allerdings verbunden mit der Kontroverse darüber, wo diese Förderung stattzufinden habe.[33]

Weniger statisch betrachtet und aus einer eher inklusiven, dekategorisierenden Perspektive, dient eine individuelle Lernvoraussetzungs-, Lernstands- und Lernverlaufsdiagnostik in der Tat der notwendigen Fundierung jeglichen adaptiven Unterrichts. Erst in Kenntnis der individuellen Lernvoraussetzungen und im Wissen um die spezifischen Vorkenntnisse sind gezielte Maßnahmen individueller Förderung überhaupt möglich – kann mithin ein differenziertes, flexibles und situationsangemessenes pädagogisches Handeln erfolgen. Für die Notwendigkeit der *Lernverlaufsdiagnostik* spricht, dass sich Wissensbestände und Fertigkeiten in Folge des Unterrichts fortlaufend verändern. Und dass nur so Kenntnisse über unterschiedliche Lernverläufe zu erlangen sind, die Rückschlüsse über die Wirksamkeit bisheriger Fördermaßnahmen und

33 Klaus Klemm (2015) resümiert mit Blick auf die Kompetenzentwicklung Vorteile einer inklusiven Beschulung, ohne dass es dabei zu Nachteilen im psychosozialen Bereich käme. Dazu auch: Kocaj et al. (2014); Möller (2013); Wild et al. (2015).

im Hinblick auf das weitere pädagogische Vorgehen zulassen. Für die Notwendigkeit der *Lernstandsdiagnostik* spricht, dass jegliche Unterrichtsplanung darauf aufbauen muss, was die Kinder und Jugendlichen bereits wissen oder können. In kumulativen Lernprozessen, wie sie für das schulische Lernen üblich sind, werden inhaltliche Vorkenntnisse im Allgemeinen nicht nur hilfreich, sondern sogar erforderlich sein, um neues Wissen zu erwerben. Auf der Symptomebene sind Lernschwierigkeiten letztlich nichts anderes als kumulierte Wissensdefizite. Für die Notwendigkeit der *Lernvoraussetzungsdiagnostik* spricht, dass es für den Einsatz von Fördermaßnahmen hilfreich sein kann, Genaueres über die Funktionstüchtigkeit des Arbeitsgedächtnisses und anderer kognitiver Funktionen zu wissen. Im Zusammenhang mit der Dissoziation zwischen Lese- und Rechtschreibschwierigkeiten im Hinblick auf die jeweils zugrunde liegenden Arbeitsgedächtnisdefizite wurde dieser Aspekt bereits angesprochen (→ Kap. 1).

Ein Beispiel für den oben skizzierten Zyklus aus Diagnostizieren, Fördern und Diagnostizieren ist der speziell in sonderpädagogischen Zusammenhängen mittlerweile weit verbreitete RTI-Ansatz. *RTI* steht für »Response to Intervention« und bezeichnet eine Routine förderdiagnostischen Vorgehens, bei der in einer Abfolge aufeinander bezogener Stufen geprüft wird, wie gut Kinder und Jugendliche mit Lernschwierigkeiten auf den Unterricht überhaupt, auf eine Zusatzförderung in Kleingruppen oder auf zusätzliche Maßnahmen intensiver Einzelförderung ansprechen. Mit »ansprechen« ist gemeint, ob sie Lernfortschritte erzielen, die denen anderer Kinder vergleichbar oder im Rahmen eines individuellen Förderplans zu erwarten sind. Als »Nonresponder« werden jene bezeichnet, die auf den Unterricht bzw. auf eine Zusatzförderung nicht ansprechen. Für sie wird die Förderintensität gesteigert. Der RTI-Ansatz gilt als vielversprechende Alternative zur statusbezogenen Lernstandsdiagnostik, weil er auf die Bedeutsamkeit angepasster pädagogischer Interventionen für die Lernentwicklung verweist. In → Kap. 2 wurde das Konzept der Instruktionsresponsivität im Zusammenhang mit den Verfahren der Lernverlaufsdiagnostik bereits behandelt. Im Hinblick auf den Inklusionsgedanken liegt der Unterschied zum herkömmlichen Feststellungsverfahren sonderpädagogischen Förderbedarfs auf der Hand: Diente dort die (summative) Schulleistungsdiagnostik bei bereits manifest gewordenen Lernschwierigkeiten der Begründung einer schulorganisatorischen Platzierungsentscheidung, so zielt die (formative) Lernverlaufsdiagnostik im RTI-Ansatz auf ein möglichst frühzeitiges Erkennen und adaptives Behandeln individuellen Unterstützungsbedarfs – so lange es geht im Rahmen des Regelunterrichts.

Lernen leichter machen: Fördern, aber nicht überfordern

Im Zusammenhang mit den Qualitätsmerkmalen der kognitiven Aktivierung und der konstruktiven Unterstützung wurde es bereits erwähnt: Kinder und Jugendliche mit Lernschwierigkeiten müssen kognitiv herausgefordert werden – sie dürfen aber nicht überfordert werden. Erfahrene Lehrerinnen und Lehrer werden aufgrund informeller Beobachtungen meist schon wissen, wie weit sie gehen können. Andernfalls hilft eine Lernstandsdiagnostik.

Schülerinnen und Schüler werden an Aufgabenanforderungen scheitern, die weit außerhalb ihrer Möglichkeiten liegen. Lernen können sie dadurch bestenfalls nichts. Wahrscheinlicher ist, dass ihr weiteres Lernverhalten durch das Misserfolgserleben beeinträchtigt wird. Dass eine zu große und anhaltende Überforderung der Lerner – und solcher mit Lernschwierigkeiten im Besonderen – möglichst zu vermeiden ist, lässt sich in zweifacher Hinsicht begründen. Die *motivationspsychologische Begründung* führt negative Emotionen, eine Beschädigung des Selbstkonzepts und der Selbstwirksamkeitserwartungen sowie in der Folge eine verringerte Lernaktivität ins Feld. Das zieht weitere, eigentlich vermeidbare Misserfolge nach sich. Von einem Teufelskreis ist oft die Rede, wenn das Scheitern an einer zu schwierigen Aufgabe Misserfolgsängste oder gar Schulunlust auslöst, soziale Missbilligungen mit sich bringt, das Zutrauen in die eigene Leistungsfähigkeit schmälert, die Lernmotivation und das Interesse beeinträchtigt und zu verminderten Lernanstrengungen führt – die dann fast zwangsläufig weitere Misserfolge nach sich ziehen.[34]

Die *kognitionspsychologische Begründung* ist ebenfalls plausibel: Wenn die zur Aufgabenlösung notwendigen (kognitiven) Vorausset-

34 Auch wenn Kinder und Jugendliche ständig unterfordert werden, ist das nicht gut und kann negative Auswirkungen auf das Lernverhalten haben. Man denke etwa an die Erstklässlerinnen und Erstklässler, die sich im Anfangsunterricht langweilen, weil sie bei Schuleintritt bereits lesen und schreiben konnten.

zungen nicht vorhanden sind, und wenn sie auch nicht durch unterstützende Maßnahmen im Sinne eines Lerngerüsts (Scaffolding) oder durch kognitives Modellieren herbeigeführt werden, können Lernprozesse nicht stattfinden. Ohne kognitive Aktivitäten kann nicht gelernt werden. Kognitive Aktivitäten beanspruchen allerdings mentale Ressourcen. Unterrichtsinhalte und Aufgabenanforderungen, welche die kognitiven Ressourcen von Kindern und Jugendlichen weit übersteigen, sind nicht zielführend.

Zur kognitionspsychologischen Begründung passt die *Theorie der kognitiven Belastung,* die von John Sweller vertreten wird. Sweller zufolge setzt sich die durch eine Lernaufgabe ausgelöste kognitive Belastung aus mehreren Komponenten zusammen, die im Zusammentreffen mit unzureichenden kognitiven Lernvoraussetzungen Lernprobleme zur Folge haben können. Ein Großteil der kognitiven Belastung ist sachinhärent, ist also den (schwierigen) Aufgabeninhalten geschuldet. Andere Belastungen sind unnötig, vor allem solche, die aus schlecht präsentierten, unklaren, uneindeutigen oder einander widersprechenden Informationen resultieren, oder daraus, dass zu viele Informationen zur gleichen Zeit oder zu rasch nacheinander präsentiert werden. Schlecht geschriebene Schulbücher, nicht zu Textinhalten passende Abbildungen oder unstrukturierte Lehrervorträge sind Beispiele dafür. Die Einführung in die Boolesche Algebra ist schon schwierig genug. Ist sie noch dazu mit einer schlechten Darstellung und mit unzureichenden Erklärungen verbunden, ist das eine überflüssige zusätzliche Erschwernis. Für Kinder mit Lernschwierigkeiten sollte man möglichst die überflüssigen Belastungen minimieren. Die Lerninhalte sollten also textlich-bildhaft kohärent präsentiert werden, es sollten vorstrukturierende Hinweisreize verwendet werden, und nicht zu viele Informationen zur gleichen Zeit gegeben werden. Und es sollte klar und verständlich vorgetragen werden.[35] Es kommt allerdings auf die richtige Mischung an. Denn unter der Reduktion der Aufgabenkomplexität darf das Aktivierungspotenzial nicht leiden. Zu einfache Aufgaben fordern nicht mehr zum Denken heraus!

35 Zur Theorie der kognitiven Belastung: Sweller, van Merrienboer & Paas (1998). Zur Anwendung in pädagogisch-psychologischen Zusammenhängen: Gathercole & Alloway (2008) sowie Kirschner, Sweller & Clark (2006). Zusammenfassend: Hasselhorn & Gold (2013); Krajewski & Ennemoser (2010).

Fazit

Individuelle Förderung wird durch adaptiven Unterricht realisiert. Adaptiver Unterricht strebt eine möglichst gute Passung der Unterrichtsgestaltung und der individuellen Lernvoraussetzungen an – in der pädagogischen Literatur spricht man von Maßnahmen der (inneren) Differenzierung. Adaptiert werden können das Lernziel, die Lernzeit und die Lehrmethode. Beim adaptiven Unterricht lernen Kinder gemeinsam Verschiedenes, und/oder es werden jene Kinder in Kleingruppen oder in Einzelförderung besonders gefördert, die mehr Lernzeit oder andere Zugangswege benötigen.

Guter Unterricht ist nicht nur für Kinder mit Lernschwierigkeiten gut. Aber Kinder mit Lernschwierigkeiten sind in besonderer Weise darauf angewiesen, dass die wichtigsten Dimensionen der Unterrichtsqualität beachtet werden. Guter Unterricht fordert zum Denken heraus, unterstützt die individuellen Lernprozesse, diagnostiziert die individuellen Lernfortschritte und richtet das weitere didaktische Vorgehen daran aus. Darüber hinaus ermöglicht er ein Maximum individueller Lernzeiten durch eine störungspräventive Form der Klassenführung.

4 Besondere Fördermaßnahmen

Kinder und Jugendliche mit Lernschwierigkeiten haben besondere Schwierigkeiten beim Lesen und/oder beim Rechtschreiben und/oder beim Rechnen. Diejenigen mit sonderpädagogischem Förderbedarf im Bereich Lernen haben meist besondere Schwierigkeiten in allen drei Inhaltsdomänen. Werden die im vorangegangenen → Kap. 3 beschriebenen Grundsätze individueller Förderung im Unterricht berücksichtigt, sollten die Kinder und Jugendlichen davon profitieren. Das Lernen sollte ihnen dadurch leichter fallen. Spezifisch auf ihre besonderen Schwierigkeiten zugeschnitten sind die unterrichtlichen Fördermaßnahmen allerdings in aller Regel nicht. Deshalb wird es meist zusätzlicher Förderaktivitäten bedürfen, die direkt auf der Symptomebene ansetzen, also Maßnahmen, die unmittelbar auf die beeinträchtigten Lese-, Rechtschreib- oder Rechenprozesse einwirken. Mit der Zielsetzung, Lernrückstände aufzuholen bzw. auszugleichen, Wissenslücken zu schließen und notwendiges Wissen aufzubauen sowie Fertigkeiten einzuüben. Darüber hinaus gibt es seit jeher eine zweite Fördertradition, die an den grundlegenden funktionalen Lernvoraussetzungen ansetzt, also etwa an den defizitären Gedächtnisfunktionen und an den unzureichenden Lernstrategien der Kinder und Jugendlichen mit Lernschwierigkeiten oder an ihrer allgemeinen Denkfähigkeit und an den exekutiven Funktionen. Im Folgenden wird zunächst auf die *symptomspezifischen Interventionen* eingegangen und anschließend auf die so genannten *Funktionstrainings.*

Lernen leichter machen: Symptomspezifische Interventionen

Es gibt eine Vielzahl symptombezogener Förderprogramme zur Intervention bei Lese-Rechtschreib- und Rechenschwierigkeiten. Das sind Förderprogramme, die auf Phonem- und Silbenbasis die Zuordnung von Lauten zu Buchstaben trainieren, Wortschatz-, Leseflüssigkeits- und Lesestrategietrainings, regel- und lautorientierte Rechtschreibtrainings sowie basisnumerische Kompetenz- und Rechentrainings. Dazu gibt es kombinierte Trainings, die eine symptomatische Therapie mit einer funktionalen Förderung verbinden, sowie Ansätze, welche zusätzlich die Kinder und Jugendlichen (und ggf. ihre Eltern) bei der psychosozialen Bewältigung von Lernschwierigkeiten unterstützen.

Gut zu wissen: Metaanalysen

Oft werden Ergebnisse aus Metaanalysen angeführt, um Ausagen über die Wirksamkeit von Unterrichtsmethoden oder von Fördermaßnahmen zu untermauern. John Hattie hat sogar eine Meta-Metaanalyse (sozusagen eine Metaanalyse zweiter Ordnung) durchgeführt, um die aus Metaanalysen bereits vorliegenden Erkenntnisse über die Wirksamkeit von Unterricht wiederum zu bündeln. Für den deutschsprachigen Raum zeigen die Metaanalysen aus der Arbeitsgruppe von Gerd Schulte-Körne den aktuellen Kenntnisstand zur effektiven Förderung bei Lese-, Rechtschreib- und Rechenschwierigkeiten auf. Lee Swanson (2013) hat eine Synopse metaanalytischer Studien zu den Ursachen und zur Behandlung von Lernschwierigkeiten vorgelegt.

Eine Metaanalyse lässt sich, was den Dateninput angeht, mit dem Funktionieren eines Staubsaugers vergleichen. Nach bestimmten Güte- bzw. Qualitätskriterien werden alle empirischen Studien, die es zu einer Thematik gibt (z. B. zur Wirksamkeit von Lesetrainings), ausgewählt und aufgesaugt, in ihren Befunden reanalysiert und anhand einer einheitlichen Metrik in ihren Kernaussagen zusammengefasst. Dass man nur Studien mit einem Experimental-/Kontrollgruppen-Design in die Metaanalyse aufnimmt und/oder nur solche, bei denen es eine Vorher-/Nachher-Messung der interessierenden Kompetenzbereiche gegeben hat, wären zwei Beispiele für solche Qualitätskriterien. Ein in Trainingsstudien besonders »strenges« Qualitätskriterium ist das der randomisierten (zufälligen) Zuordnung der Untersuchungsteilnehmer in eine trainierte Experimental- bzw. in eine nicht trainierte Kontrollgruppe. Eine Ergebnisverdichtung über mehrere (Primär-)Studien hinweg wird möglich, weil man den Befund jeder einzelnen Studie auf ein einziges Maß reduziert, und zwar auf den relativen Zugewinn, den die Teilnehmer der trainierten Experimentalgruppe im Vergleich zu den Angehörigen der nicht trainierten Kontrollgruppe erzielen. Die Effektstärke (ES) ist eine standardisierte Maßzahl zur Quantifizierung dieses Zugewinns. Eine über viele (Primär-)Studien hinweg gemittelte Effektstärke ist das Hauptergebnis einer Metaanalyse. Wo Subgruppenanalysen möglich sind, geben sie zusätzlich Aufschluss über Moderatoren, d. h. über Bedingungen der Trainingswirksamkeit.

Neuere Metaanalysen zur Wirksamkeit der symptomspezifischen und anderer Fördermaßnahmen weisen auf eine deutliche Überlegenheit der erstgenannten hin.[36] Unspezifische Trainings basaler Funktionen der Wahrnehmung, der Konzentration oder der Aufmerksamkeit führen zwar mitunter zu einem (kurzzeitigen) Leistungsanstieg im jeweiligen Funktionsbereich, nicht aber zu einem Transfereffekt auf die Leistungen im Lesen, Rechtschreiben oder Rechnen. Für medikamentöse, alternativ-medizinische oder ganzheitliche Verfahren gibt es erst recht keinen Wirksamkeitsnachweis. Dass es im Zuge der Anwendung solcher Verfahren im Einzelfall zu Leistungsverbesserungen kommen kann, ist zwar nicht ausgeschlossen, sie wären dann allerdings nicht durch programmimmanente Wirkfaktoren zu erklären, sondern durch Zuwendungseffekte, Effekte einer vermehrten Lernanstrengung, Effekte einer emotionalen Stabilisierung sowie Effekte einer veränderten Lern- und Leistungsmotivation.

Die folgende Auflistung einiger symptomatischer Förderprogramme orientiert sich an drei Gesichtspunkten. Sie sollen

36 Galuschka, Ise, Krick & Schulte-Körne (2014); Galuschka & Schulte-Körne (2015); Ise, Dolle, Pixner & Schulte-Körne (2012); Ise, Engel & Schulte-Körne (2012); Ise & Schulte-Körne (2013).

1. theoretisch fundiert sein,
2. sich als wirksam erwiesen haben und
3. für den Einsatz im deutschsprachigen Raum geeignet sein bzw. für Pädagoginnen und Pädagogen (und für Eltern) leicht zugänglich.[37]

Nicht immer gründet sich der Wirksamkeitsnachweis der Programme allerdings auf die eigentlich erforderlichen randomisiert-kontrollierten Studien – also auf Studien, bei denen es zusätzlich zur Fördergruppe eine nicht geförderte Kontrollgruppe gibt, und die Teilnehmerinnen und Teilnehmer nach dem Zufallsprinzip der Förder- oder Kontrollgruppe zugewiesen wurden. Das zeigt, wie wenig Aufmerksamkeit der empirischen Überprüfung der Wirksamkeit von Trainingsprogrammen bislang gewidmet worden ist. Streng genommen sind die meisten deutschsprachigen Förderprogramme nicht ausreichend evaluiert worden und damit eigentlich nicht als *evidenzbasiert* zu bezeichnen!

Lesen leichter machen: Auf der Wortebene

Das Lesen auf der Wortebene (Worterkennung) ist ein hierarchieniedriger basaler Leseprozess, weil die Worterkennung eine Voraussetzung des Textverstehens ist. Die Entwicklung des Wortlesens wurde in → Kap. 1 behandelt. Dort wurde auch ausgeführt, dass Defizite bei der lautsprachlichen Informationsverarbeitung für die Schwierigkeiten bei der Worterkennung hauptursächlich sind.[38] Oft haben Kinder mit Leseschwierigkeiten nämlich Probleme bei der Diskrimination lautähnlicher Phoneme und bei der Segmentierung von Wörtern in Silben und Morpheme. Wichtig ist dann, dass der Erwerb der alphabetischen Strategie, also des Erlernens der Graphem-Phonem-Korrespondenzen, durch ein systematisches Training unterstützt wird und dass die damit verbundenen Operationen der Synthese von Phonemen (zu einem Wort) und der Analyse von Morphemen (eines Wortes) geschult werden. Das beginnt mit Übungen zum Identifizieren, Kate-

37 Zusammenfassende Darstellungen zu den Förderprogrammen finden sich bei Berger & Schneider (2011), Büttner (2016), Lambert (2015), Lauth, Grünke & Brunstein (2014), Lenhard (2013), Scheerer-Neumann (2015) sowie bei Steinbrink & Lachmann (2014).

38 Auf Programme zur Förderung der phonologischen Bewusstheit wird in → Kap. 5 eingegangen.

gorisieren, Segmentieren und Diskriminieren von Silben und Lauten in Wörtern. In den darauf folgenden Trainingsphasen lässt sich die Lesegeschwindigkeit und -genauigkeit bereits bekannter Wörter steigern. Die meisten Trainingsprogramme, die zur Leseförderung auf der Wortebene geeignet sind, lassen sich im Sinne einer Übungsbehandlung charakterisieren – und sind nichts anderes als eine systematisierte, besonders intensive Variante des Erstleseunterrichts. Sie orientieren sich an lerntheoretischen Prinzipien und schreiten vom Einfachen zum Schwierigeren voran. Oft werden zusätzlich Techniken der Selbstinstruktion vermittelt, damit die Kinder lernen, ihre Lese- und Schreibprozesse selbst zu überwachen.

Gut zu wissen: Von Phonemen, Morphemen, Silben, Wörtern und Graphemen

In der Sprachwissenschaft unterscheidet man die Bereiche der Phonologie, der Morphologie, der Syntax und der Semantik. Die *Phonologie* betrachtet Sprachlaute funktional. Sprachlaute nennt man *Phoneme,* wenn sie bedeutungsunterscheidend wirken. In der gesprochenen Sprache gibt es im Deutschen 22 konsonantische und 19 vokalische Phoneme. Die *Morphologie* beschäftigt sich mit der Wortgestalt. Die kleinsten bedeutungstragenden Einheiten eines Wortes nennt man *Morpheme,* wobei man zwischen lexikalischen *(flieg)* und funktional-grammatischen *(en)* Morphemen unterscheidet. Mit *Silben* sind die Morpheme nicht identisch. Eine Silbe besteht aus einem oder mehreren Phonemen, die sich in einem Zug aussprechen lassen. Die meisten Morpheme sind Grundmorpheme, die man zur Bildung komplexer *Wörter* verwendet *(flieg-en).* Oft werden Wörter aus anderen Wörtern gebildet *(Fliegen-pilz).* Es gibt unterschiedliche Wortarten, die sich nach morpho-syntaktischen Kriterien z. B. in flektierbare (Nomen, Verben, Adjektive, Artikel, Pronomen), in artikelfähige (Nomen) sowie in steigerbare (Adjektive) unterteilen lassen. Es gibt Flexionsregeln und -paradigmen für Wörter bzw. Wortklassen. Wie Wortfolgen funktional zu verstehen sind, ist eine Frage der *Syntax.* Sprache ist nämlich mehr als Worterkennung! Erst die Kenntnis der Kombinationsregeln von Wörtern bzw. Wortgruppen zu Satzstrukturen und Sätzen macht Sprache aus. Die *Semantik* (Lexikologie) beschäftigt sich mit der Bedeutung von Wörtern.

In der geschriebenen Sprache kommt ein weiterer Bereich hinzu: die Graphematik. Ein *Graphem* ist die schriftliche Repräsentation eines Phonems und damit die kleinste bedeutungsunterscheidende Einheit in der Schriftsprache. In der geschriebenen deutschen Sprache gibt es 20 Konsonantengrapheme und neun Vokalgrapheme. Eine besondere Problematik beim Lesen lernen und Schreiben lernen besteht darin, dass die Korrespondenz zwischen den Graphemen und den Phonemen nicht perfekt ist. Die Rechtschreibung des Deutschen orientiert sich sowohl an phonematischen als auch an morphematischen Prinzipien.

Der **Kieler Leseaufbau**[39] enthält eine große Anzahl schwierigkeitsgestufter Übungen zum Erlernen des alphabetischen Prinzips. In 14 Stufen zunehmender Schwierigkeit werden Buchstaben-Laut-Verbindungen eingeführt und geübt. Anfangs werden nur Wörter mit langen Vokalen und dehnbaren Konsonanten (Oma, Rose) verwendet. Diese Wörter werden bereits in Silben gegliedert präsentiert. Dabei kommen Handzeichen (Lautgebärden) zum Einsatz, um das silbenweise-lautierende Erlesen zu begleiten. Zudem werden fünf grundlegende Lesestrategien vermittelt und eingeübt, beispielsweise die Strategie des Lautierens (damit die Kinder beim Lesen nicht anfangen zu buchstabieren) oder die Strategie des Verschleifens zweier Laute zu einer Silbe (Zusammenlauten). Eine elementare Syntheseübung ist beispielsweise das Verschmelzen der offenen Silben mit einem einzigen vorangestellten Konsonanten (wie z.B. bei Ka, Ke, Ki, Ko, Ku, Kau, Kei oder bei La, Le, Li, Lo, Lu, Lau, Lei). Wegen der engen Verknüpfung des Lesens und Schreibens beinhaltet der Kieler Leseaufbau auch Rechtschreibübungen. Im **Kieler Rechtschreibaufbau** sind diese zu einem eigenständigen Förderprogramm erweitert. Der Kieler Leseaufbau kommt als begleitende Fördermaßnahme während des Erstleseunterrichts in der 1. Klasse zum Einsatz, aber auch bei Grundschulkindern höherer Klassenstufen, denen die Lautsynthese noch Schwierigkeiten bereitet. Ähnlich wie bei

39 Wie bei den Testverfahren wird bei den Trainingsprogrammen (durch Fettdruck hervorgehoben) auf bibliographische Angaben im Text verzichtet. Am Ende findet sich eine Auflistung.

der Lautgetreuen Lese-Rechtschreibförderung (s. u.) wird zunächst mit Wörtern größtmöglicher Lauttreue gearbeitet.

Das computerbasierte adaptive Trainingsprogramm **Lautarium** fördert anhand von Bild- und Sprachmaterial die Phonemwahrnehmung und die phonologische Bewusstheit im engeren Sinne, also die Prozesse der Lautanalyse und -synthese, das Erlernen der Buchstaben-Laut-Verbindungen und das Lesen und Schreiben lautgetreuer Wörter. Bei den Übungen zur Phonemwahrnehmung geht es um das Erkennen und Unterscheiden von Konsonanten und von Vokalen unterschiedlicher Länge. Computerbasiert heißt, dass während des Trainings mit Notebooks und Kopfhörern gearbeitet wird, wobei vorgefertigtes Bild- und Sprachmaterial von Real- und Pseudowörtern, Lauten und Basisgraphemen zum Einsatz kommt. Adaptiv heißt, dass die Schwierigkeiten der jeweils präsentierten Aufgaben in automatisierter Weise an den Leistungsstand und an die Leistungsfortschritte der Kinder angepasst werden – dass also hochgradig individualisiert vorangegangen wird. Als Intensivtraining soll das Lautarium fünfmal wöchentlich (je 30 Minuten) über einen längeren Zeitraum hinweg eingesetzt werden. Zur Aufrechterhaltung der Lernmotivation wird mit einem virtuellen Belohnungssystem (Tokens) gearbeitet. Da das Voranschreiten im Programm automatisch an die individuelle Leistungsentwicklung der Kinder angepasst wird und weil die Anweisungen und die Ergebniskontrolle ebenfalls automatisiert vonstattengehen, ist der Betreuungsaufwand gering. Sind die entsprechenden Endgeräte verfügbar, können mehrere Kinder gleichzeitig mit dem Trainingsprogramm arbeiten.

Das Trainingsprogramm zur Verbesserung der phonologischen Bewusstheit und Rechtschreibleistung im Grundschulalter **PHONIT** kann sowohl im regulären Unterricht (→ Kap. 3) als auch unterrichtsadditiv eingesetzt werden. Wie beim Trainingsprogramm Lautarium wird eine symptomatische Leseförderung ergänzt durch eine Förderung der Prozesse phonologischer Informationsverarbeitung – der phonologischen Bewusstheit im engeren Sinne. Es gibt Übungen zum Erkennen von Vokallängen und zur Synthese und Analyse von Phonemen. Neben den Leseübungen sind das Erlernen der Rechtschreibregeln und das Einüben des orthographischen Schreibens weitere Bestandteile des Programms. Bei Lese-Rechtschreibschwierigkeiten sollte das Förderprogramm zweimal wöchentlich (je 45 Minuten) über einen längeren Zeitraum hinweg eingesetzt werden.

Lesen leichter machen: Auf der Satzebene

Nun von der Wort- zur Satzebene. Ganz so strikt lassen sich beide Bereiche allerdings nicht auseinanderhalten, denn auch bei den Trainings auf der Satzebene wird oftmals mit Übungen zur Phonem-, Silben- und Morphemsynthese begonnen. Des Weiteren wird jedoch das Augenmerk auf eine Verbesserung der Lesegenauigkeit und auf die Steigerung der Lesegeschwindigkeit beim lauten (Vor-)Lesen gelenkt. Dem liegt die Überlegung zugrunde, dass die (zu) langsamen und (zu) fehlerhaften Dekodierprozesse auf der Wortebene in der Folge das notwendige Verstehen des lautierend Gelesenen erschweren. Als unverzichtbare Brücke zwischen dem Wortlesen und dem Satz- bzw. Textverstehen wird deshalb oft die *Leseflüssigkeit* bezeichnet. Das angemessene Betonen und Gruppieren von Wörtern zu Sinneinheiten (Phrasieren) und ein zunehmend automatisierter Abruf der Wortaussprache aus dem Langzeitgedächtnis sind neben der Lesegeschwindigkeit und der Lesegenauigkeit die wichtigsten Kriterien des Flüssiglesens. Meist werden Varianten von *Lautleseverfahren* eingesetzt, um die Leseflüssigkeit zu fördern. In der Tradition der Forschungsarbeiten von Zvia Breznitz gibt es neuerdings auch Versuche, das so genannte Beschleunigungsphänomen gezielt für den therapeutischen Einsatz zu nutzen. Breznitz hatte gezeigt, dass sich über eine künstliche Beschleunigung des Lesevorgangs eine Verbesserung der Dekodierfähigkeit und des Leseverständnisses herbeiführen lässt.[40]

Die Lesebücher und -übungen **Flüssig lesen lernen** beginnen mit den üblichen Programmbausteinen zur phonologischen Bewusstheit, zur Buchstaben-Laut-Verbindung und zum lautierenden Erlesen. In Partnerarbeit lesen sich die Kinder anschließend einzelne Wörter und kurze Texte laut vor. Das Programm **Flüssig lesen lernen** gibt es mit Materialien gestufter Schwierigkeiten für die Klassenstufen 1–5, und zwar sowohl in einer Version für die Förderung in der Schule als auch in einer Handreichung für das Üben zuhause. Ein Schwerpunkt des Programms liegt auf den Übungen zur Segmentierung von Wörtern in Einheiten oberhalb der Buchstabenebene, also in Silben, aber auch in Konsonantenverbindungen. Wie beim Kieler Leseaufbau werden die Wörter bereits in Silben gegliedert vorgegeben. Eine farbige Markierung der Material-

40 Breznitz (1997); Bar-Kochva & Hasselhorn (2015).

wörter erleichtert anfänglich die Silbengliederung, später werden nicht markierte Texte vorgegeben. In den Varianten für die Klassenstufen 1 und 2 ähnelt das Förderprogramm in seinen Inhalten den für die Förderprogramme zum Wortlesen bereits beschriebenen. In den Varianten für die Klassenstufen 3–5 wird auf die basalen Übungen zur phonologischen Bewusstheit und zur Buchstaben-Laut-Zuordnung verzichtet und es wird ausschließlich auf der Wort- bzw. Textebene gearbeitet.

Das Potsdamer Lesetraining **PotsBlitz** zielt auf die Verbesserung der Lesegenauigkeit und -geschwindigkeit, also im engeren Sinne auf die Leseflüssigkeit im Anschluss an den Erstleselehrgang. Kern des Programms sind Übungen zur expliziten Silben- bzw. Morphemgliederung von Wörtern. Dazu werden beispielsweise Wortvorlagen genutzt, in denen die Silbengliederung durch Zwischenräume bereits angezeigt ist. Vermittelt werden visuelle Segmentierungsstrategien, die es den Kindern leichter machen, Morpheme als Wortbestandteile zusammengesetzter Wörter zu erkennen sowie Silbenkerne und Vorsilben in Wörtern zu identifizieren. Das Suffix *Blitz* ist im Programmnamen PotsBlitz übrigens deshalb enthalten, weil ein Blitzworttraining integraler Bestandteil der Fördermaßnahme ist. Das Blitzwortlesen findet unter einem erhöhten Zeitdruck unter Verwendung eines Notebooks statt. Dadurch soll sich die Lesegeschwindigkeit steigern lassen. PotsBlitz umfasst 18 Trainingseinheiten zu je 45 Minuten.

Auch der Einsatz von **Lautlese-Tandems** soll zu einer Steigerung der Leseflüssigkeit und zu einer Verbesserung des Textverstehens führen. Positive Erfahrungsberichte und Evaluationen gibt es bislang zwar vornehmlich für den Einsatz in der Klasse (→ Kap. 3), es ist aber zu vermuten, dass sich die Lautlese-Tandems für den unterrichtsadditiven Einsatz ebenso eignen. Ein schwächerer Leser wird zum *Tutanden* und ein leistungsstärkerer fungiert als *Tutor*. Gemeinsam lesen sie halblaut und wiederholt denselben Text, wobei sich der Tutor in seiner Geschwindigkeit an den Tutanden anpasst und zudem dessen Lesefehler verbessert. Die Wirksamkeit des synchronen Lautlesens beruht auf den Prinzipien der Übung, des korrigierenden Feedbacks und des kooperativen Lernens. Texte ansteigender Schwierigkeit werden so oft gemeinsam gelesen, bis sie der Tutand auch alleine angemessen phrasiert, hinreichend schnell und annähernd fehlerfrei vorlesen kann. Ganz ähnlich funktioniert die in → Kap. 3 bereits erwähnte Fördermethode der **Lese-Sportler**, bei welcher – ebenfalls in Tandems – neben der Leseflüssigkeit zusätzlich noch das Leseverständnis trainiert wird.

Lesen leichter machen: Auf der Textebene

Mit der Worterkennung und dem flüssigen Lesen auf der Satzebene ist es noch nicht getan. Texte müssen auch inhaltlich verstanden werden. Kinder und Jugendliche mit Leseschwierigkeiten haben häufig Probleme damit, Texten Informationen zu entnehmen und das Gelesene interpretieren zu können. Das Textverstehen (Leseverständnis) setzt voraus, dass die basalen Dekodierprozesse der Worterkennung gut beherrscht werden und dass flüssig gelesen werden kann. Auch dass ein hinreichend großer Wortschatz bereits vorhanden ist sowie morpho-syntaktisches Sprachwissen und Wissen über Textsorten, sind notwendige Voraussetzungen. Ein Text wird aber erst verstanden, wenn auf lokaler und globaler Ebene Inferenzen gezogen werden und dadurch Kohärenz erzeugt wird. Dazu ist in aller Regel Weltwissen (Vorwissen) erforderlich, weil das Gelesene erst dann einen Sinn ergibt, wenn es sich mit etwas verknüpfen lässt, das man vorher schon gewusst hat. Diese Prozesse des Textverstehens lassen sich beeinflussen. Denn das Textverstehen wird erleichtert, wenn geeignete Lesestrategien eingesetzt werden. Kognitive und metakognitive *Lesestrategien* unterstützen das Verstehen und Behalten von Textinhalten. Die Vermittlung und Förderung von Lesestrategien ist deshalb ein bewährter Ansatzpunkt zur Verbesserung der Lesekompetenz auf der Textebene. In den vergangenen Jahren sind eine Reihe strategieorientierter Programme entwickelt worden, die sich zum Einsatz in der gesamten Klasse eignen, aber auch als zusätzliche (unterrichtsadditive) Fördermaßnahmen.[41]

Wichtige kognitive Lesestrategien sind die so genannten *elaborierenden* Strategien, mit deren Hilfe der zu lesende Text eine Anreicherung erfährt (z. B. sich etwas bildlich vorstellen, auf die Textüberschrift achten, sich selbst Fragen zu einem Text stellen), und die so genannten *organisierenden* bzw. reduktiven Strategien (z. B. Wichtiges unterstreichen, Wichtiges zusammenfassen, eine Skizze anfertigen). *Metakognitive* Lesestrategien lassen sich entsprechend ihrer Funktion im Leseprozess

41 Zusammenfassende Übersichten geben Gold (2010), Lenhard (2013), Philipp & Schilcher (2012), Philipp (2013) sowie Souvignier (2009).

unterscheiden in solche, die vor dem Lesen zum Einsatz kommen (den Leseprozess planen), während des Lesens (den Leseprozess überwachen) oder nach dem Lesen (das eigene Vorgehen ggf. anpassen).

Annemarie Palincsar und Ann Brown, Michael Pressley, Karen Harris und Steve Graham sowie John Guthrie haben Pionierarbeiten zur systematischen Leseförderung durch die Förderung von Lesestrategien durchgeführt. Auf Palincsar und Brown geht beispielsweise das Konzept des *reziproken Lehrens* zurück, das mittlerweile in vielen Förderprogrammen zum Einsatz kommt (→ Kap. 3). Reziprok meint, dass Lehrer- und Schülerrolle bei der Lektüre textabschnittsweise wechseln. Jeder Textabschnitt wird dabei mit den folgenden vier kognitiven Strategien bearbeitet: *Fragen stellen, Zusammenfassen, Klären schwieriger Textstellen* und *Vorhersagen machen.* Oft fungiert ein Leseexperte (die Lehrperson) zunächst als kompetentes Modell für die Schülerinnen und Schüler, indem der Experte seine Gedanken und Überlegungen während seines eigenen Leseprozesses klar und deutlich äußert. In ähnlicher Weise wie Palincsar und Brown haben Pressley, Harris und Graham über die Wirksamkeit und Trainierbarkeit von Lesestrategien durch explizite Unterweisung geforscht. Auch sie haben dabei auf Formen des Peer-Assisted-Learning (PAL) zurückgegriffen, also auf ein kooperatives Lernarrangement, in dem sich die Schülerinnen und Schüler gegenseitig überwachen und unterstützen. Das stark vorstrukturierte Programm *PALS* (Peer-Assisted Learning Strategies) setzt etwa auf dieses Format. Guthries *CORI*-Programm (Concept-Oriented Reading Instruction) ist ein anspruchsvolles Lesestrategieförderprogramm für den Sachfachunterricht. Die sechs CORI-Strategien sind: Vorwissen aktivieren, Fragen stellen, Informationen suchen, Hauptaussagen zusammenfassen, ein Schaubild anfertigen, Ergebnisse präsentieren. Für die Programme PALS und CORI gibt es allerdings keine ins Deutsche übersetzten Versionen.[42]

Strategien der Vorwissensaktivierung und des Fragestellens, des Verdichtens von Textaussagen durch Zusammenfassen und des systematischen Klärens von Textschwierigkeiten sind bewährte Bestandteile erfolgreicher Programme. Das wusste man schon vor mehr als 70 Jahren, als die *SQ3R-Methode* erfunden wurde: Survey (Überblick gewinnen), Question (Fragen stellen), Read (Lesen), Recite (Wiedergeben) und Review (rückblickende Zusammenfassung). Bewährt haben sich bei Strategie-

42 Ausführlicher dazu: Philipp & Schilcher (2012); Philipp, Brändli & Kirchhofer (2014).

trainings didaktische Vorgehensweisen, die mit einer explizit-direkten Vermittlung von Lesestrategien beginnen und dann über modellhafte Demonstrationen des kompetenten Strategiegebrauchs durch eine Lehrperson zu Trainingsphasen des angeleiteten, später zunehmend selbstständigen Einübens der Lesestrategien übergehen – dies auch in Tandems.

Gut zu wissen: Lesestrategien

Textverstehen wird durch strategisches Lesen begünstigt. Aus kognitionspsychologischen Theorien lässt sich ableiten, welche Strategien dazu besonders geeignet sind. Das sind vor allem reduktiv-organisierende, den Text verkürzende Strategien, die dabei helfen, die Hauptgedanken eines Textes zu erfassen. Aber auch elaborierende, den Text anreichernde Strategien, die die Anbindung der Textinhalte an das bereits vorhandene Wissen befördern. Gute Leser verfügen zusätzlich über metakognitives Strategiewissen und bringen es zur Anwendung. Das metakognitive Strategiewissen ist notwendig, um den gesamten Leseprozess optimal zu planen, zu überwachen und zu regulieren. Beispiele für Lesestrategien sind:

- Sich Fragen zum Text stellen.
- Sich vorher einen Überblick verschaffen. Den Text vor dem Lesen durchblättern.
- Wichtige Informationen auswählen und durch Markieren hervorheben.
- Unwichtige Details übergehen, um den Text zu kürzen.
- Überschriften beachten oder selbst passende Überschriften formulieren.
- Wichtiges in eigenen Worten zusammenfassen und wiederholen.
- Nach Anwendungsbeispielen suchen.
- Im Text Analogien zu bereits vorhandenem Wissen entdecken.
- Widersprüche entdecken. Textaussagen kritisch bewerten.
- Schwer verständliche Textstellen mehrmals lesen und mit Hilfsmitteln klären.
- Das Verstehen selbst überprüfen.
- Das Behalten selbst überprüfen.

Die Trainingsprogramme der Text- bzw. Lesedetektive eignen sich für Schülerinnen und Schüler der 5. und 6. Klasse (Textdetektive) bzw. für leseschwache Kinder in höheren Klassenstufen (Lesedetektive) und werden mit der gesamten Klasse durchgeführt. Trainiert werden im Programm **Textdetektive** insgesamt sieben Lesestrategien (Wichtiges unterstreichen, Wichtiges zusammenfassen, Überschrift beachten, Sich etwas bildlich vorstellen, Umgang mit Textschwierigkeiten, Behalten überprüfen, Verstehen überprüfen) und im Programm **Lesedetektive** insgesamt vier Strategien (Überschrift beachten, Umgang mit Textschwierigkeiten, Geschichten zusammenfassen, Sachtexte zusammenfassen). Für die Durchführung der Programme werden 25 bis 30 Unterrichtsstunden benötigt. Die Programme münden in einen Leseplan (eine Checkliste), der Mittel-Ziel-Überlegungen als Anweisungen zu einem selbstregulierten strategischen Leseverhalten enthält. *Vor dem Lesen:* Was ist mein Ziel? Welche Methoden setze ich ein, um es zu erreichen? *Während des Lesens:* Welche Detektivmethode wende ich nun an? *Nach dem Lesen:* Habe ich mein Ziel erreicht? Bei den Text- bzw. Lesedetektiven werden die Lesestrategien explizit-darstellend vermittelt (→ Kap. 3). Die kompetente Strategieanwendung wird durch die Lehrperson jeweils modellhaft vorgeführt, indem diese ihre Überlegungen verbalisiert. Nutzen und Anwendungsbereich der Strategien werden unmittelbar erfahrbar gemacht.

Rechtschreiben leichter machen: Alphabetische, morphematische und orthographische Strategien

Rechtschreibschwierigkeiten äußern sich durch eine hohe Anzahl orthographischer Fehler. Allerdings sind die orthographischen Fehler nur das Ende der Fehlerkette. Bei Kindern mit Rechtschreibschwierigkeiten bereitet nämlich häufig bereits das Erlernen des alphabetischen Prinzips Probleme oder schon die Einsicht in die Lautstruktur der gesprochenen Sprache. Spezifische Fördermaßnahmen zielen deshalb auf das Erlernen und Einüben von Phonem-Graphem-Korrespondenzen ebenso wie auf die Fähigkeit zur Phonemanalyse und -synthese, auf das Erkennen und Nutzen morphemischer Strukturen, auf das Erlernen von Rechtschreibregeln und auf das lexikalische Einprägen schwieriger Lernwörter (Sichtwörter).

Defizite in der Rechtschreibung wirken stigmatisierend. In der interessierten Bildungsöffentlichkeit wird deshalb in regelmäßigen Abständen die Frage nach der richtigen Erstlese- und -schreibmethode diskutiert – in der Grundschuldidaktik im Übrigen auch.[43] Ging es früher vor allem um eine Gegenüberstellung analytischer Ganzwort- und synthetischer laut-, silben- und buchstabenorientierter Methoden, so lassen sich die pädagogischen Fronten heute eher durch das Gegensatzpaar »Lesen durch Schreiben« (oder wie es manchmal heißt: »schreibn nach gehöa«) auf der einen Seite und das analytisch-synthetische Lesen lernen nach der Fibel-Methode auf der anderen charakterisieren. Beim Lesen durch Schreiben verzichtet man auf den klassischen Erstleseunterricht, da die Kinder über die Nutzung von Anlauttabellen alle Schriftworte, die sie von Beginn an selbst produzieren, »natürlich« auch lesen können. Orthographisch korrekt ist die lautbasierte Schreibung in aller Regel nicht. Das ist auch der Hauptkritikpunkt an der Methode: Dass sich das lautorientierte Schreiben auf diese Weise verfestigt und die späteren Rechtschreibleistungen der Kinder sich als schlechter erweisen als nach dem Fibelunterricht, weil auf eine orthographisch korrekte Schreibweise von Wörtern zu lange kein Wert gelegt wird. Ist Lesen durch Schreiben also die schlechtere Methode?

Wie bei allen Lehrmethodenvergleichen ist die Frage nach der besseren Methode falsch gestellt, weil es mehr darauf ankommt, wie gut eine jede Methode angewandt wird, wie sehr den zentralen Dimensionen der Unterrichtsqualität dabei Rechnung getragen wird, und ob eine Anpassung des didaktischen Vorgehens an die individuellen Lernvoraussetzungen erfolgt. Allerdings gibt es aus einer Reihe empirischer Studien übereinstimmende Hinweise darauf, dass vor allem die Kinder mit ungünstigen (sprachlichen) Lernvoraussetzungen durch eine zu späte Hinwendung zum orthographischen Schreiben systematisch benachteiligt werden. Schon deshalb – sagt Renate Valtin, die langjährige Vorsitzende der Deutschen Gesellschaft für Lesen und Schreiben – gehöre Lesen durch Schreiben eigentlich verboten! Alle nachfolgend erwähnten Förderprogramme zielen jedenfalls auf eine am orthographischen Regelwerk orientierte Rechtschreibung. Je nach Entwicklungsstand der Adressaten können sie natürlich auch Übungen auf dem alphabetischen Niveau und zum lautgetreuen Schreiben enthalten.

Der **Kieler Rechtschreibaufbau** setzt in der Phase des alphabetischen Schreibens an und schreitet vom Einfachen zum Schwierigeren

43 Funke (2014); Schründer-Lenzen (2013); Valtin (1998).

voran. Auf den ersten beiden Schwierigkeitsstufen werden nur lautgetreue Wörter verwendet, Wörter also, die man so schreibt, wie man sie (mit-)spricht. Auf den fünf folgenden Schwierigkeitsstufen wird der Erwerb des orthographischen Schreibens unterstützt. Hierzu werden Ableitungs-, Dopplungs- und Dehnungsregeln vermittelt, die ein regelgeleitetes Rechtschreiben ermöglichen. Es werden auch Strategien für das Erkennen von Merk- und Fremdwörtern (Sichtwörter) vermittelt – das sind Wörter, deren Schreibung man sich merken muss, weil man sie nicht herleiten kann. Neben einer Übungssoftware für das Arbeiten mit einem Notebook gibt es beim Kieler Rechtschreibaufbau Übungs- und Spielmaterialien in Kartenform.

Die **Lautgetreue Lese-Rechtschreibförderung** ist ein kombiniertes Programm zur Lese- und Schreibförderung, hätte also genauso gut unter *Lesen leichter machen* behandelt werden können. Die Übungsmaterialien sind nach dem Prinzip »vom Häufigen (dem Leichteren) zum Seltenen (dem Schwereren)« geordnet. Gemeint ist damit, dass orthographische Regeln erst dann eingeführt werden, wenn das lautgetreue (alphabetische) Lesen und Schreiben bereits beherrscht wird. Anders ausgedrückt: Zunächst wird das phonemisch orientierte Lesen und Schreiben gefördert, und erst danach das morphemisch bzw. orthographisch orientierte. Anfangs wird ausschließlich mit lautgetreuen Wörtern (Mitsprechwörtern) gearbeitet. Später kommen so genannte Regelwörter hinzu, die zwar von der Lauttreue abweichen, dabei aber einer leicht vermittelbaren Regelhaftigkeit folgen. Am schwierigsten sind die so genannten Speicherwörter (Sichtwörter), die auswendig gelernt werden müssen, weil ihre Schreibung keiner Regelhaftigkeit folgt. Großer Wert wird im Anschluss an das phonemische Lesen auf das Erlernen und Einüben der morphemischen Strategie gelegt (Morphemsegmentierung) – wie auch bei den Trainingsprogrammen **PotsBlitz** (s. o.) und **MORPHEUS** (s. u.). Der Einsatz von Lautgebärden und das rhythmische Syllabieren beim phonemischen Lesen unterstützen das Erlernen des alphabetischen Prinzips und das Erkennen der Silbengliederung. Verhaltenstherapeutische Verstärkungsmechanismen (Tokens) werden zur Aufrechterhaltung der Lernmotivation eingesetzt. Mit einer Trainingsdauer von etwa 100 Stunden ist zu rechnen – bei einer Therapiestunde pro Woche. In das Training ist ein häusliches Strategietraining integriert (10 Minuten/Tag).

Das **Marburger Rechtschreibtraining** ist ein regelgeleitetes Förderprogramm. Regelgeleitet meint, dass die Regeln der Orthographie vermittelt werden. Das Marburger Rechtschreibtraining ist erst dann sinnvoll einzusetzen, wenn das alphabetische Schreiben bereits grundsätzlich beherrscht wird, also eine Einsicht in die Phonem-Graphem-Korrespondenzen vorhanden ist. Mit einer Trainingsdauer von etwa zwei Jahren ist zu rechnen, wenn zweimal wöchentlich 45 Minuten lang trainiert wird. Im Verlauf sind zwölf Lerneinheiten mit insgesamt 35 Lerninhalten zu absolvieren. Dabei geht es z. B. um die Unterscheidung von kurz und lang gesprochenen Vokalen, um die Verschriftlichung von Konsonanten, die nach kurz und lang gesprochenen Vokalen vorkommen, um die Verschriftlichung von Wortstämmen und -endungen und um Ableitungsregeln. Die Auswahl des Wortmaterials orientiert sich an den Fehlerschwerpunkten der deutschen Rechtschreibung. Im Marburger Rechtschreibtraining werden acht grundlegende Rechtschreibregeln vermittelt sowie einfache Rechtschreibalgorithmen (Lösungsstrategien), die im Sinne eines Entscheidungsbaums zur korrekten Verschriftlichung eines Wortes führen sollen.

Das morphembasierte Rechtschreibtraining **MORPHEUS** ist ein Förderprogramm für Schülerinnen und Schüler der Klassenstufen 4–8. Im Kern werden für einen Grundwortschatz besonders häufig vorkommender Wörter Segmentierungsstrategien trainiert, die ein Verstehen des morphematischen Prinzips der deutschen Sprache erleichtern. Morpheme sind die kleinsten linguistischen Einheiten, aus denen sich ein (geschriebenes) Wort zusammensetzt, und die Einsicht in den morphematischen Aufbau von Wörtern – also das Erkennen von Morphembausteinen wie Präfix, Suffix und Morphemstamm – erschließt die korrekte Schreibweise dann, wenn das lautgetreue Schreiben nicht weiterführt. Ein Beispiel: Die korrekte Schreibung »Fahrrad« lässt sich phonemorientiert nicht ableiten; eher würde man zu »Farad« tendieren. Erst das Erkennen der beiden Wortbausteine »Fahr« und »Rad« und das Wissen darüber, wie mit gedoppelten Konsonanten an der Morphemgrenze umzugehen ist, hilft hier weiter. Als morphematisches Prinzip bezeichnet man die Tatsache, dass Wortstämme im Deutschen immer gleich geschrieben werden (Wortstammkonstanz). Beispiel: »Be-ruf«, »Ver-ruf«, »ruf-en«, »Be-ruf-ung«. Im Training wird die Einsicht vermittelt, dass sich die meisten Wörter aus einem Wortstamm sowie aus hinzugefügten Vor- und Nachsilben zusammensetzen. Das Trainingsprogramm enthält ein Übungsbuch, einen Wortbaukasten und Memo-Kärtchen sowie ein PC-Programm zum Erkennen und Zuordnen von Einzelwörtern zu Wortstämmen.

Das Würzburger orthografische Training **WorT** fördert sowohl das lautgetreue Schreiben als auch den Erwerb orthografischer Strategien bei Kindern im Grundschulalter. Es ist als Gruppentrainingsprogramm konzipiert – baut jedoch auf einer individuellen Feindiagnostik auf. Das Trainingsmaterial umfasst Arbeitsblätter, Spielmaterialien sowie Bilder- und Wortkärtchen. Die Abfolge der insgesamt 13 Module orientiert sich an den gängigen Phasen- bzw. Entwicklungsstufenmodellen des Rechtschreibens (→ Kap. 1). Begonnen wird mit dem lautgetreuen Schreiben, bevor beispielsweise auf die Groß- und Kleinschreibung, auf die Dopplung von Konsonanten, auf die morphematischen Prinzipien und auf Ableitungsstrategien eingegangen wird. Hinzu kommt ein Merkworttraining. Das Besondere am Würzburger Trainingsprogramm ist die Verknüpfung der Einheiten zum lautgetreuen und zum orthografisch ausgerichteten Schreiben.

Rechnen leichter machen: Zahlen verstehen und Zählen lernen

Kinder und Jugendliche mit Rechenschwierigkeiten haben Probleme mit dem Erwerb expliziter mathematischer Kompetenzen und Basisfertigkeiten, wie zum Beispiel dem Erwerb von Zähl- und Rechenstrategien, dem Verständnis der Kommutativität und Assoziativität von Zahlen, dem Erlernen der Grundrechenarten und dem Erwerb arithmetischen Faktenwissens. Dass es den Kindern und Jugendlichen am arithmetischen Faktenwissen fehlt, ist besonders problematisch, weil sie deshalb auch einfachste Rechenoperationen immer wieder aufs Neue ausführen müssen, anstatt die Aufgabenlösungen aus dem Gedächtnis abzurufen. Ungünstig ist auch, dass Kinder mit Rechenschwierigkeiten länger am zählenden Rechnen und an der Verwendung weniger effizienter Zählstrategien festhalten. Erste Anzeichen dieser Probleme sind nicht selten im Vorschulalter auszumachen, wenn es bereits dort zu Schwierigkeiten mit dem Erlernen von Zahlen kommt sowie zu Schwierigkeiten im Umgang mit Mengen und Zahlen. Im Vorschulalter sind oft auch schon Defizite beim Erwerb der verbalen Zählprinzipien zu beobachten. Diese Zählprinzipien bilden die Grundlage für die späteren Rechenoperationen und für die Fähigkeit, Zahlwörter der Größe einer gezählten Objektmenge zuzuordnen. Symptomatische Förderprogramme vermitteln mathematische Basisfertigkeiten und setzen beim

Zahlbegriff, bei den Zählprozeduren und beim Aufbau des arithmetischen Faktenwissens an.[44]

Das **Dortmunder Zahlenbegriffstraining** ist für den Anfangsunterricht konzipiert, aber auch für ältere Kinder geeignet, die noch an weniger effizienten Zählstrategien festhalten. Inhaltlich geht es um eine Ablösung des Fingerzählens durch den Aufbau interner Zähl- und Abzählfertigkeiten, um auf diese Weise den Aufbau einer mentalen Zahlen- und Mengenvorstellung zu forcieren. Veranschlagt sind etwa 20 halbstündige Fördereinheiten einzeln oder in der Gruppe, die ein- bis zweimal pro Woche stattfinden sollen. Trainiert wird im Wesentlichen im Zahlenraum von 1 bis 10. Als Anschauungsmittel werden unterschiedliche Gegenstände genutzt, wie zum Beispiel Zahlenkarten, Perlen und Zählsteine (Muggelsteine). Kleinschrittig werden dabei das Vorwärts- und Rückwärtszählen geübt, Mengen verglichen und in Teilmengen zerlegt, Mengen zusammengefasst und Teil-Ganzes-Beziehungen veranschaulicht. Erst am Ende des Trainings wird das konkrete Material entzogen und es werden numerisch-symbolisch formatierte Aufgaben gestellt und bearbeitet.

Das Diagnose- und Trainingsprogramm **Kalkulie** ist für die erste bis dritte Klassenstufe konzipiert, aber auch für ältere Kinder geeignet, deren mathematische Basisfertigkeiten noch nicht hinreichend entwickelt sind. In der Diagnosekomponente des Programms wird eine Eingangstestung durchgeführt, um Aufschluss über den spezifischen individuellen Förderbedarf zu erhalten. Aufgrund der Ergebnisse dieser Eingangsdiagnostik werden spezifische Programmbausteine zur Förderung eingesetzt. Inhaltlich geht es um die Entwicklung des Zahlbegriffs und um den Aufbau einer mentalen Zahlenraumvorstellung, um das Erkennen und Nutzen von Zahlenrelationen und von einfachen Rechenoperationen sowie um den Aufbau arithmetischen Faktenwissens. Vor allem aber geht es um Teil-Ganzes-Beziehungen, was als Nadelöhr von Rechenschwierigkeiten angesehen wird. Die Dauer der Programmdurchführung hängt von den individuellen Lernfortschritten der Kinder ab. Vorgesehen sind tägliche Fördersitzungen im Umfang von jeweils 15 Minuten, die entweder als Einzelförderung oder in Gruppen zu gestalten sind. Umfängliche Kopiervorlagen und Erarbeitungs- bzw. Übungsaufgaben sind Bestandteile des Programms.

44 Die Frühförderkonzepte MZZ und MARKO-T werden in → Kap. 5 behandelt.

Der Aufbau des Förderprogramms Kalkulie folgt dem fünfstufigen *Kompetenzentwicklungsmodell* von Annemarie Fritz und Gabriele Ricken und deckt nahezu das gesamte Curriculum der ersten drei Grundschuljahre ab.[45] Im Förderbaustein 1 werden vornehmlich die grundlegenden Konzepte der Kompetenzentwicklungsstufen 1–3 vermittelt (Zählen, Reihen bilden, Zahlvergleiche, Kardinalität, Mengen, Teil-Ganzes-Beziehungen, Vorwärts- und Rückwärtszählen, relationale Zahlbeziehungen). Im Förderbaustein 2 wird der Zahlenraum bis 20 erweitert und es wird eine Flexibilisierung des zählenden Rechnens angestrebt. Es wird – wie im Förderbaustein 1 – auf unterschiedlichen Repräsentationsebenen gearbeitet. Im Förderbaustein 3 werden insbesondere mentale Rechenstrategien gefördert und automatisiert, und es wird der Aufbau arithmetischen Faktenwissens unterstützt.

Bei der so genannten **Wasserglasmethode** werden zylindrische Wassergläser als besondere Darstellungsmittel genutzt. Gearbeitet wird mit gefärbtem Wasser, um das Erkennen des Wasserstands in den Gläsern zu erleichtern. Über die jeweiligen Wassermengen im Glas sollen Kardinalität und Relation von Zahlen verständlich werden. Mithilfe von Schüttvorgängen lässt sich in die Grundrechenarten einführen. Das Besondere an der Wasserglasmethode ist, dass sich das Material Wasser zum Abzählen eigentlich gar nicht eignet, mithin von den (emotional oft negativ besetzten) üblichen Materialien des mathematischen Anfangsunterrichts recht weit entfernt ist. Dies geschieht mit Bedacht, um den Kindern mit Rechenschwierigkeiten ihre Ängste zu nehmen. Inhaltlich geht es im Wesentlichen um eine Förderung des Aufbaus und der Nutzung der unterschiedlichen Repräsentationsformate der Zahlen- und Mengenverarbeitung (visuell, auditiv und analog) und um eine Übertragung der mit konkreten Materialien gemachten Erfahrungen in eine abstrakte Symbolform. Die Methode wird hier aus zwei Gründen erwähnt: Zum einen aufgrund ihrer theoretischen Verankerung im Rahmen des neuroanatomischen Modells von Dehaene. Stanislas Dehaene war von spezifischen Funktions- und Repräsentationsdefiziten im Zusammenhang mit der gestörten visuell-arabischen, auditiv-sprachlichen und der analog-nichtsymbolischen Mengen- bzw. Zahlenverarbeitung ausgegangen (→ Kap. 1). Zum anderen, weil in jüngster Zeit empirische Studien vorgelegt wurden, welche die Wirksamkeit der

45 Fritz, Ricken & Gerlach (2007).

Wasserglasmethode bei rechenschwachen Kindern belegen. Auch kam es zu einer Verringerung der psychischen Belastung dieser Kinder.[46] Es bleibt abzuwarten, was bei einer systematischen Begleitforschung zur Wasserglasmethode herauskommt. Noch immer ist für die Interventionen im Bereich der Rechenschwierigkeiten im deutschsprachigen Raum allerdings ein eklatanter Mangel an empirischen Wirksamkeitsprüfungen zu konstatieren.

Lernen leichter machen: Funktionstrainings

Die Grundidee ist einleuchtend: Über eine Verbesserung der funktionalen Lernvoraussetzungen sollten sich in der Folge auch die Lese-, Rechtschreib- und Rechenprozesse der Kinder und Jugendlichen verbessern. Die bislang vorliegenden Befunde sind allerdings ernüchternd, denn in den meisten empirischen Studien haben sich die Hoffnungen auf Transfereffekte so genannter Funktionstrainings auf die beeinträchtigten Lese-, Rechtschreib- oder Rechenprozesse nicht erfüllt. Die vorliegenden Metaanalysen sprechen in dieser Hinsicht eine eindeutige Sprache (s. o.). Dies gilt es also zu bedenken, wenn im Folgenden in exemplarischer Form einige Funktionstrainings aufgeführt werden – nur solche allerdings, für die es im deutschen Sprachraum wenigstens einen spezifischen Wirksamkeitsnachweis gibt oder immerhin eine überzeugende theoretische Fundierung. Förderprogramme, die sich auf Vorläuferfertigkeiten des Schriftspracherwerbs bzw. des Rechnens richten, sind eigentlich weder als Funktionstrainings noch als symptomatische Trainings zu bezeichnen. Sie werden nicht hier, sondern im Hinblick auf das vorschulische Alter der Adressat(inn)en → Kap. 5 behandelt.

Weil die Funktionstüchtigkeit des Arbeitsgedächtnisses als besonders wichtige Einflussgröße der Lese-, Rechtschreib- und Rechenleistung gilt, und weil Schwierigkeiten beim Lesen, Schreiben und Rechnen oft mit spezifischen Defiziten in *Arbeitsgedächtnisfunktionen* in Zusammenhang gebracht werden, hat es an Versuchen nicht gefehlt, die Funktionstüchtigkeit des Arbeitsgedächtnisses zu trainieren. Es ist aber nicht viel dabei herausgekommen, ganz gleich, ob die phonologische Schleife, der visuell-räumliche Notizblock oder die zentrale Exekutive der Gegenstand von Trainingsmaßnahmen war. Allenfalls

46 Lambert & Spinath (2013, 2014; zusammenfassend: Lambert, 2015).

kurzfristige, inhaltlich und zeitlich begrenzt wirksame Trainingseffekte ohne Transferwirkungen auf die Schulleistungen sind zu erwarten.[47] Dagegen scheint es vielversprechender, bei der Gestaltung von Lernsituationen die beeinträchtigten Arbeitsgedächtnisfunktionen der Kinder und Jugendlichen mit Lernschwierigkeiten proaktiv zu berücksichtigen, indem man ihnen arbeitsgedächtnisentlastende Hilfestellungen anbietet (→ Kap. 3).

Kinder und Jugendliche mit Lernschwierigkeiten gelten als passive Lerner, die geeignete *Lernstrategien* nicht kennen bzw. nicht in angemessener Weise einsetzen. Als wichtige kognitive Lernstrategien gelten die bereits beschriebenen anreichernden Elaborations-, reduzierenden Organisations- und schlichten Memorierstrategien. Hinzu kommen Selbstkontroll- bzw. Selbstregulationsstrategien, die für das selbstgesteuerte Lernen von Bedeutung sind. Nicht nur die eigenen Kognitionen, auch motivationale, emotionale und volitionale Prozesse, die beim Lernen eine Rolle spielen, können Lerner selbst kontrollieren und regulieren. Bezogen auf eine konkrete Lernhandlung gelten deren Planung (vor dem Lernen), die eigentliche Lernaktivität (während des Lernens) sowie die Selbstbewertung und Reflexion (nach dem Lernen) als die drei Phasen selbstregulierten Lernens, in welchen der Einsatz metakognitiver Strategien lernförderlich ist. Weil die strategischen und metastrategischen Kompetenzen bei Kindern und Jugendlichen mit Lernschwierigkeiten im Allgemeinen nicht gut ausgebildet sind, gibt es seit jeher Trainingsprogramme, um diesen Defiziten zu begegnen. Vor allem, wenn die Lernschwierigkeiten mit einer intellektuellen Beeinträchtigung (Lernbehinderung) einhergehen oder wenn es sich um eher unspezifische allgemeine Lernschwierigkeiten handelt, verspricht man sich viel von den Lernstrategietrainings. Wirksam sind Strategietrainings aber nur dann, wenn sie Modellierungs- und Verstärkungstechniken beinhalten und Elemente expliziter Strategievermittlung zusammen mit kooperativen Lehr-Lern-Elementen zum Einsatz kommen.[48] Und wenn die Lernstrategien nicht isoliert, sondern mit einem konkreten Lerngegenstand verknüpft vermittelt werden. Selbst

47 Melby-Lervåg & Hulme (2013) haben dazu eine Metaanalyse vorgelegt (vgl. auch Mähler, Jörns, Radtke & Schuchardt, 2015; Shipstead, Hicks & Engle, 2012).

48 Vgl. Büttner, Gold & Hasselhorn (2010); Hasselhorn & Gold (2013); Lauth, Grünke & Brunstein (2014); Wong, Harris, Graham & Butler (2003).

dann sollten Strategietrainings allerdings nur zusätzlich – und nicht etwa als Alternative – zu einer symptomorientierten Förderung und einer Nachschulung basaler Fertigkeiten eingesetzt werden.

Die exekutiven Funktionen und die Fähigkeiten zur kognitiven und metakognitiven Selbstregulation (Selbstkontrolle) sind eng miteinander verknüpft (→ Kap. 1). Weil mit Lernschwierigkeiten in aller Regel auch Defizite in den Exekutivfunktionen einhergehen, sind einige Anstrengungen unternommen worden, Strategien der kognitiven Kontrolle und der Handlungskontrolle durch Trainings zu fördern. *Exekutive Funktionen,* wie die willentliche Aufmerksamkeitslenkung und das Nichtbeachten von Störreizen sowie die *Hemmung* spontaner Impulse (Inhibition), lassen sich mit einfachen Methoden und Hilfsmitteln im schulischen und außerschulischen Alltag fördern. Die Inhibitionsfähigkeit ist wichtig, weil sie ein situationsangemessenes und zielorientiertes Lernverhalten unterstützt. Man lässt sich dann nicht so leicht ablenken. Auch eine Förderung der *kognitiven Flexibilität* (Shifting) – welche ebenfalls zu den exekutiven Funktionen gerechnet wird – ist durch entsprechende alltägliche Trainingsaktivitäten möglich. Kognitive Flexibilität ist notwendig, um bei komplexen Lernanforderungen den Aufmerksamkeitsfokus oder die Sichtweise auf ein Problem wechseln zu können, um zu einer Lösung zu gelangen. Allenfalls mit Blick auf die Kapazität des *Arbeitsgedächtnisses,* die für das aktive *Aufrechterhalten* relevanter Informationen (Updating) während des Lernprozesses von Bedeutung ist, scheint Skepsis angebracht. Die meisten Studien haben eine Wirksamkeit von Arbeitsgedächtnistrainings nicht belegen können. Sabine Kubesch hat in einem Sammelband die vorliegenden Erkenntnisse zur Trainierbarkeit der exekutiven Funktionen und der Selbstregulation zusammengefasst. Für ganz unterschiedliche Situationen der pädagogischen Praxis und für ganz unterschiedliche Lernfelder gibt es mittlerweile exekutive Funktionstrainings.[49]

Auch das schlussfolgernde Denken – vor allem, wenn die Lernschwierigkeiten mit einer intellektuellen Beeinträchtigung (Lernbehinderung) einhergehen – ist natürlich von jeher Gegenstand von Interventionsansätzen und Fördermethoden gewesen. Das im deutschsprachigen Raum wohl bekannteste Förderverfahren ist das *Denktraining* von Karl-Josef Klauer, das es für unterschiedliche Altersgruppen und mittlerweile auch

49 Kubesch (2014); Diamond & Lee (2011).

in einer PC-Version für Fünf- bis Achtjährige gibt.[50] Beim Denktraining werden Strategien induktiven Denkens vermittelt, die zur Erbringung intellektueller Leistungen hilfreich sind. Als induktives Denken (den eigentlichen Kern der Intelligenz) bezeichnet Klauer das Erkennen von Gemeinsamkeiten und Verschiedenheiten von Objekten hinsichtlich ihrer Merkmale und das Erkennen von Relationen in Bezug auf diese. Das Erkennen von Ordnungen, der Erwerb von Begriffshierarchien und die Kategorienbildung sind Beispiele dafür. Das Denktraining kann als Einzel-, Paar- oder Gruppentraining eingesetzt werden. Veranschlagt wird eine vergleichsweise kurze Trainingsdauer von fünf Wochen bei zwei Trainingsstunden pro Woche. Das Denktraining fördert nachweislich das induktive Denken und es lassen sich zudem Transfereffekte auf das schulische Lernen feststellen.

Moderatoren der Wirksamkeit

Für die symptomatischen wie für die funktionsbezogenen Maßnahmen der Zusatzförderung sind eine Reihe von Faktoren identifiziert worden, welche das Ausmaß der Trainingswirksamkeit beeinflussen. Solche Einflussfaktoren bezeichnet man auch als *Moderatorvariablen*, weil es sich um Faktoren handelt, die auf das Ausmaß des Effekts zwischen einer durchgeführten Fördermaßnahme und deren messbarer Wirksamkeit Einfluss nehmen. Würden sich beispielsweise Einzeltrainings zur Rechtschreibförderung als wirksamer erweisen als Trainings in Kleingruppen, dann wäre der Faktor Einzel- vs. Gruppentraining ein solcher Moderator der Trainingswirksamkeit. In Metaanalysen spricht man von *Subgruppenanalysen*, wenn die Wirksamkeit eines Trainings unter verschiedenen Trainingsbedingungen (Moderatoren) verglichen wird.

In den bereits angesprochenen Metaanalysen zur Wirksamkeit der symptomatischen und funktionsbezogenen Fördermaßnahmen sind im Hinblick auf die *Lese- und Rechtschreibförderung* die *Intensität* der Förderung und der Einsatz von operanten *Verstärkern* als moderierende Einflussfaktoren identifiziert worden. Bessere Ergebnisse zeitigen demnach Trainingsmaßnahmen bzw. Förderprogramme, die mehr als 20 Wochen andauern (Rechtschreiben und Lesen), und in welchen so genannte Token-Systeme als motivierende Verstärker zum Einsatz kom-

50 Klauer (2014); Klauer & Phye (2008); Lenhard, Lenhard & Klauer (2012).

men (Rechtschreiben). Bei manifest gewordenen Lese-Rechtschreibschwierigkeiten wird es einer intensiven, meist mehrjährigen Förderung bedürfen, bis sich bedeutsame Veränderungen einstellen. Wenn die Trainingsmaßnahmen von einer geschulten *Lehrperson* oder vom Programmautor selbst durchgeführt werden, waren die Trainingseffekte übrigens größer, als wenn andere Personen mit den Fördermaßnahmen betraut sind (Rechtschreiben und Lesen). Zu berücksichtigen ist allerdings, dass die Datenbasis der durchgeführten Subgruppenanalysen ausgesprochen schmal war. Aus internationalen Studien ist darüber hinaus bekannt, dass der Zeitpunkt, zu welchem mit einer Fördermaßnahme begonnen wird (möglichst frühzeitig) und der Förderumfang (möglichst hoch) ebenfalls den Trainingserfolg moderieren.

Im Hinblick auf die *Rechenförderung* haben sich ebenfalls die *Intensität* der Förderung und der *Förderumfang* als Moderatoren der Trainingswirksamkeit erwiesen. Hinzu kommt, dass Maßnahmen der *Einzelförderung* wirksamer waren als eine Förderung in Kleingruppen oder in der gesamten Klasse. Wie bei der Rechtschreibförderung hat sich auch beim Rechnen der Einsatz von *Tokens* zur Aufrechterhaltung der Lernmotivation bewährt. Auch in Bezug auf die Rechenförderung gibt es Hinweise darauf, dass besonders geschulte Lehrpersonen und/oder Rechentherapeuten die größeren Trainingseffekte erzielen.

Im Hinblick auf die *funktionsbezogenen Trainings* sind es über die bereits geschilderten Einflussgrößen hinaus vornehmlich instruktionspsychologische Variablen, welche die Wirksamkeit solcher Trainings und die Transfereffekte auf das schulische Lernen beeinflussen. Dazu gehören der Einsatz kooperativer Verfahren und von Modellierungstechniken, der Einsatz motivations- und selbstkonzeptförderlicher Elemente sowie ein kleinschrittiges, maßgeschneidertes und zeitadaptives Vorgehen mit vielen Übungsphasen. Weniger und dafür gründlicher ist demnach bei den Funktionstrainings oftmals mehr!

Fazit

Funktionstrainings haben die hochgesteckten Erwartungen im Allgemeinen nicht erfüllen können – und sind deshalb als alleinige Maßnahme zusätzlicher Lernförderung nicht zu empfehlen. Zusammen mit symptombezogenen Interventionen können sie sehr wohl zum Einsatz kommen, um die funktionalen Lernvoraussetzungen der Kinder und Jugendlichen und ihre selbstregulativen Kompetenzen zu fördern. Im Vordergrund der Förderaktivitäten muss aber das Aufholen von Lernrückständen stehen, also die Vermittlung und das Einüben spezifischer Kenntnisse und Fertigkeiten des Lesens, Rechtschreibens und Rechnens. Symptomatische Trainings sind wirksam, weil sie in diesem Sinne direkt an den beeinträchtigten Lese-, Rechtschreib- und Rechenprozessen ansetzen. Sichtbare Erfolge sind aber auch bei symptombezogenen Fördermaßnahmen nur zu erwarten, wenn intensiv und kontinuierlich gefördert wird.

5 Prävention

»Vorbeugen ist besser als bohren!« So oder so ähnlich haben Zahnärzte in den vergangenen Jahrzehnten den Nutzen prophylaktischer Zahnpflegemaßnahmen propagiert. Offenbar nicht ohne Erfolg, denn es ist zu einer deutlichen Verbesserung der Zahngesundheit und zu einer Verringerung des Kariesrisikos gekommen. Auch Lernschwierigkeiten lässt sich vorbeugen. Prävention im Zusammenhang mit Lernschwierigkeiten hat viele Facetten – nicht alle können hier betrachtet werden. Der Begriff der Prävention wird in zweierlei Hinsicht verwendet. Einmal, wenn es um Aktivitäten der (meist vorschulischen) Förderung im Allgemeinen geht *(primäre Prävention)*, und zum anderen, wenn es um kompensatorische Fördermaßnahmen bei Kindern mit ungünstigen Lernvoraussetzungen bzw. mit Entwicklungsrisiken im Besonderen geht *(sekundäre Prävention)*. Für das Begriffspaar der primären und sekundären Prävention sind auch die Bezeichnungen *universelle Entwicklungsförderung* auf der einen Seite sowie *selektive Entwicklungsförderung* auf der anderen Seite gebräuchlich. Darin kommt besser zum Ausdruck, worin der Unterschied besteht: Die *universelle* (primärpräventive) Entwicklungsförderung richtet sich in unspezifischer Weise an alle Kinder einer bestimmten Altersgruppe und die *selektive* (sekundärpräventive) nur an Teilgruppen von ihnen, für die es »statistisch höhere« Entwicklungsrisiken gibt, beispielsweise aufgrund ihrer familiären Situation. Gelegentlich wird von der sekundären noch die *tertiäre Prävention* abgehoben, um deutlich zu machen, dass es sich um notwendige Fördermaßnahmen nach einem bereits festgestellten individuellen Entwicklungsrisiko oder bei einer bereits diagnostizierten Entwicklungsverzögerung handelt. Maßnahmen tertiärer Prävention werden auch als *indizierte* Entwicklungsförderung bezeichnet. Grundsätzlich kann ein und dieselbe inhaltliche Fördermaßnahme universell, selektiv oder indiziert zur Anwendung kommen – entscheidend ist nur, dass Inhalt und Intensität der Anwendung ausreichend sind, um den jeweiligen Bedürfnissen gerecht zu werden.

Es geht also bei der Prävention um lernförderliche Maßnahmen, bevor es überhaupt zu schulischen Lernschwierigkeiten gekommen ist. Naheliegend, dass dies – neben der Wirksamkeitsfrage – auch die Frage der Notwendigkeit solcher Maßnahmen auslöst. Dass eine Intervention wirkt, ist schließlich noch lange kein Grund, sie auch durchzuführen. Denn die Durchführung von Fördermaßnahmen ist in aller Regel mit gewissen Aufwendungen verbunden – man könnte in der gleichen Zeit ebenso etwas anderes (vielleicht Sinnvolleres) mit den Kindern machen. Zudem bleibt die Frage, wie man eigentlich die »Risikokinder« identifizieren soll, die selektiver oder indizierter Fördermaßnahmen bedürfen. Im Folgenden wird zunächst auf die Diagnoseproblematik eingegangen und anschließend auf einige Interventionsansätze zur Entwicklungsförderung.

Diagnostik im Vorschulalter

Um einen individuellen Förderbedarf zu bestimmen, bedarf es der *Entwicklungsdiagnostik.* Dabei wird der Entwicklungsstand eines Kindes in Bezug auf ein interessierendes – also im Hinblick auf spätere Lernschwierigkeiten bekanntermaßen relevantes – Merkmal (wie z. B. Sprache, Wahrnehmung, Denkvermögen, schriftsprachliche und mathematische Vorläuferfertigkeiten) festgestellt und in Relation zum Entwicklungsstand von Kindern gleichen Alters gesetzt. Der so gegebenenfalls ermittelte Förderbedarf wird dann zum Ausgangspunkt der Planung und Einleitung pädagogischer oder therapeutischer Interventionen.[51]

Wie in → Kap. 2 bereits ausgeführt, gelten standardisierte *Testverfahren* als besonders gut geeignete Diagnosemethoden. Darüber hinaus wird man in jedem Fall auch Informationen aus einer sorgfältigen Exploration (Anamnese) sowie aus einem vorausgegangenen Screening zur diagnostischen Urteilsbildung nutzen. Als *Screenings* (Siebverfahren) bezeichnet man diagnostische Kurzverfahren, die den Qualitätsanfor-

51 Esser, Hasselhorn & Schneider (2015); Lohaus & Glüer (2014).

derungen einer standardisierten Testdiagnostik nicht genügen. Differenzierte Aussagen lassen solche Screenings dementsprechend nicht zu, wohl aber liefern sie erste Hinweise auf Auffälligkeiten. Screenings werden als Filter eingesetzt, um herauszufinden, für welche Kinder eine umfangreichere Testdiagnostik zweckmäßig ist. Im Anschluss an ein »auffälliges« Screening-Ergebnis werden aber in der Praxis oft auch direkt – also ohne weitere Diagnostik – selektive Fördermaßnahmen eingeleitet. Screening-Verfahren zur Sprachstandserhebung gelten allerdings unter Experten als wenig zuverlässig.

Unter den einschlägigen Testverfahren gibt es allgemeine und spezielle Entwicklungstests, wobei sich die allgemeinen Entwicklungstests auf ein ganzes Spektrum an kognitiv-sprachlichen, sozial-emotionalen und motorischen Funktionsbereichen beziehen. Die speziellen Verfahren beziehen sich auf jeweils einen einzigen Bereich. Vorschulische Präventionsmaßnahmen im Zusammenhang mit Lernschwierigkeiten setzen meist im Bereich der Sprachförderung an und bei den Vorläuferfertigkeiten des schulischen Lesens, Schreibens und Rechnens, daher kommt der Sprachstandsdiagnostik in diesem Zusammenhang eine besondere Bedeutung zu. Zur Diagnose einer *Spezifischen Sprachentwicklungsstörung* (SSES) werden linguistisch fundierte Verfahren eingesetzt. Bei der Untersuchung zweisprachig aufwachsender Kinder sollten die verwendeten Testverfahren separate Normwerte für diese Kinder aufweisen, um Sprachentwicklungsstörungen von Defiziten aufgrund fehlender Sprachkontakte differenzieren zu können. Für die Diagnose der *phonologischen Bewusstheit* sowie der *mathematischen Vorläuferfertigkeiten* gibt es neben einigen speziellen Testverfahren eine neu entwickelte Testbatterie aus der Würzburger Arbeitsgruppe um Wolfgang Schneider.[52]

Dabei darf nicht übersehen werden, dass es bei einer Testdiagnostik im Vorschulalter in besonderer Weise auf eine altersgerechte Testgestaltung, eine freundliche und wertschätzende Testatmosphäre und auf eine sorgfältige Testdurchführung ankommt. Vor allem im Bereich der Sprachstandsdiagnostik besteht die Gefahr, dass Entwicklungsverzöge-

52 Zusammenfassend: Esser, Hasselhorn & Schneider (2015); Lambert (2015); Steinbrink & Lachmann (2014). Zur Frühdiagnostik von Arbeitsgedächtnisfunktionen: Hasselhorn & Zoelch (2012). Zum Würzburger Vorschultest (WVT): Endlich, Lenhard, Marx & Schneider (2015).

rungen – die gar nicht so selten sind und in vielen Fällen ohne Behandlung wieder aufgeholt werden – mit spezifischen Entwicklungsstörungen verwechselt werden, die einer besonderen Behandlung bedürfen. Bei Kindern unter fünf Jahren sind nämlich die Geschwindigkeiten der individuellen Entwicklungsverläufe so heterogen, dass es leicht zu solchen Fehldiagnosen kommen kann.

Gut zu wissen: Zusatzförderung von Risikokindern

Damit kein Missverständnis aufkommt: Nicht die Kinder stellen ein Risiko dar. Vielmehr gelten schulrelevante Entwicklungsauffälligkeiten von Kindern – vor allem im kognitiv-sprachlichen Bereich und bei den Vorläuferfertigkeiten des Schriftspracherwerbs und des Rechnens – als *Risikofaktoren* für eine gelingende Einschulung und für den Lernerfolg im Anfangsunterricht. Mit einem präventiv-kompensatorischen Ansatz wird deshalb seit einigen Jahren in Baden-Württemberg versucht, Kinder mit schulrelevanten Entwicklungsrisiken und -verzögerungen bereits im letzten Jahr vor der Einschulung durch Maßnahmen intensiver Zusatzförderung zu unterstützen (Hasselhorn, Ehm, Wagner, Schneider & Schöler, 2015).

Die zusätzlichen Fördermaßnahmen werden in aller Regel in den die Kinder betreuenden Einrichtungen selbst durchgeführt. Zuvor erfolgt eine umfängliche Diagnostik im vorletzten Kindergartenjahr und ein *Runder Tisch* aus Eltern, Erzieherinnen, Grundschullehrerinnen und Therapeutinnen verständigt sich auf einen konkreten Förderplan. Inhaltlich geht es um Maßnahmen der Sprachförderung, um die Förderung der phonologischen Bewusstheit und der frühen mathematischen Kompetenzen sowie um die Denk- und Konzentrationsförderung. Die *kompensatorische Zusatzförderung* soll die Kinder mit schulrelevanten Entwicklungsrisiken so unterstützen, dass eine Rückstellung vom Schuleintritt nicht erfolgen muss – und dass sie den schulischen Anforderungen gewachsen sind.

Förderung der Vorläuferfertigkeiten des Schriftspracherwerbs

Weil sich die Komponenten der phonologischen Informationsverarbeitung als wichtige Determinanten der schriftsprachlichen Entwicklung erwiesen haben (→ Kap. 1), zielen die meisten Fördermaßnahmen zur Prävention von Lese-Rechtschreibschwierigkeiten vor allem auf diesen Bereich – und dort vornehmlich auf die Komponente der *phonologischen Bewusstheit*, also auf die Einsicht in die Lautstruktur der gesprochenen Sprache. Sie lässt sich leichter fördern als die Funktionstüchtigkeit der phonologischen Schleife und die Geschwindigkeit des Zugriffs auf die phonologischen Codes. Wie in → Kap. 4 bereits erwähnt, beinhalten viele Programme zur basalen Leseförderung auf der Wort- und Satzebene Übungen zur phonologischen Bewusstheit, so z. B. die Förderprogramme **PHONIT**, **Lautarium** und **Flüssig lesen lernen**. Bekannt geworden sind aber vor allem die für Kinder im Vorschulalter konzipierten Würzburger Trainings **Hören, lauschen, lernen** (HLL) sowie **Hören, lauschen, lernen 2** (HLL 2) aus der Arbeitsgruppe um Wolfgang Schneider. Das später in Bremen entwickelte Kindergartenprogramm **Lobo vom Globo** ist inhaltlich ähnlich strukturiert.

HLL setzt sich aus sechs Bausteinen zusammen. Zunächst identifizieren die Kinder Geräusche in ihrer Umgebung. Dann wird erklärt, was Wörter und Sätze sind. Anschließend geht es um das Erkennen von Reimen und die Kinder üben, selbst zu reimen. In drei weiteren Programmbausteinen geht es um die phonologische Bewusstheit im engeren Sinn, also um das Erkennen von Anlauten und um die Synthese und Analyse von Phonemen. HLL 2 enthält ein Buchstaben-Laut-Zuordnungstraining für die zwölf häufigsten Buchstaben des Alphabets (A, E, M, I, O, R, U, S, L, B, T, N), um in das alphabetische Prinzip einzuführen. Die Programmentwickler empfehlen im letzten Kindergartenjahr über einen Zeitraum von 20 Wochen tägliche Übungen im Umfang von etwa zehn bis 15 Minuten in Kleingruppen von vier bis acht Kindern. Dass die Würzburger Trainingsprogramme die phonologische Bewusstheit und damit eine wesentliche Komponente der phonologischen Informationsverarbeitung erfolgreich fördern, ist durch eine Reihe von Evaluationsstudien belegt. Die Fördermaßnahmen wirken auch bei Kindern aus mehrsprachigen Elternhäusern, bei Kindern mit einer verzögerten Sprachentwicklung und bei Kindern mit ungünstigen phonologischen

Basiskompetenzen. Kontrovers wird allenfalls diskutiert, wie bedeutsam die Auswirkungen auf die späteren Lese-Rechtschreibleistungen sind, und ob nicht der Erstleseunterricht – der ohnehin die wesentlichen Elemente phonologischer Trainings aufgreift – der günstigere Lernort wäre. Letzteres wird vor allem damit begründet, dass es im Kindergartenalter auch andere Konzepte des Heranführens der Kinder an Sprache und Schrift *(early literacy)* gibt als die metaphonologischen Funktionstrainings. Bei Risikokindern – das wurde bereits erwähnt – ist ein Funktionstraining als alleinige Maßnahme nicht ausreichend.[53]

Solche Debatten verweisen auf eine grundlegende Problematik primärpräventiver (universeller) Maßnahmen: Oft sind sie zwar grundsätzlich wirksam, aber nicht auf die individuellen Bedarfslagen zugeschnitten. Das können sie auch nicht sein. Deshalb wird es immer eine Reihe von Kindern geben, die dieser speziellen Förderung eigentlich nicht bedurft hätten, und es wird stets »Risikokinder« geben, für die ein Training der phonologischen Bewusstheit nicht ausreicht. Problematisch wäre das dann, wenn aufgrund begrenzter zeitlicher und personeller oder finanzieller Ressourcen zugunsten des metaphonologischen Funktionstrainings auf andere passendere Bildungsangebote, beispielsweise auf eine allgemeine Sprachförderung, verzichtet würde.

Förderung früher mathematischer Kompetenzen

Als Vorläuferfertigkeit des schulischen Rechnens gilt ein grundlegendes Mengen-Zahlenverständnis, das bereits im Vorschulalter erworben wird. Im Kindergartenalltag bieten sich fortwährend Gelegenheiten zum Vergleichen von Mengen, Objekten und Größen – und zum Zählen. Erzieherinnen und Erzieher greifen diese Möglichkeiten auf, indem sie die Kinder dazu anhalten, Dinge zu vergleichen, zu ordnen und zu zählen, sowie die Ergebnisse ihres Handelns zu verbalisieren. Es gibt aber auch spezifische Förderprogramme für den Elementarbereich. Auf zwei davon, das Programm **Mengen, zählen, Zahlen** (MZZ) sowie das Programm **Mathematik- und Rechenkonzepte im Vor- und Grundschulalter – Training** (MARKO-T), wird im Folgenden eingegangen.

53 Zu den Würzburger Trainings: Schneider & Marx (2008); Schneider & Küspert (2014); Schneider, Roth & Ennemoser (2000); Fischer & Pfost (2015); Wolf, Schroeders & Kriegbaum (2016). Kritisch: Valtin (2012).

Das Frühförderprogramm **MZZ** wird primärpräventiv für Vorschulkinder sowie als indizierte Prävention bei rechenschwachen Grundschulkindern eingesetzt. Trainiert wird in Kleingruppen von vier bis sechs Kindern oder in Einzelförderung. Das Training umfasst 24 halbstündige Sitzungen, die über einen Zeitraum von zwei Monaten verteilt sein sollten. Inhaltlich folgt das Förderprogramm dem mathematischen Kompetenzstufenmodell von Kristin Krajewski, wonach Kinder zunächst lernen, *Zahlen als Anzahlen* zu verstehen (der Erwerb von Zählfertigkeiten und Erlernen der Ziffern 1–10), anschließend die *Anordnung von Anzahlen* begreifen (die Reihung von Zahlen und Vergleiche von Mengen und Zahlen) und schließlich die *Beziehungen zwischen Zahlen* (Teil-Ganzes-Beziehungen) verstehen. Es steht eine Förderbox mit anschaulichen Materialien zu allen drei Kompetenzstufen zur Verfügung (z. B. eine Zahlentreppe aus Holzblöcken). Umfangreiche Evaluationsstudien haben die Wirksamkeit des **MZZ** zur Förderung basisnumerischer Kompetenzen bestätigt.[54] Aus elementarpädagogischer Sicht wird zuweilen der wenig spielorientierte, eher nüchterne Programmaufbau bemängelt.

Das Förderprogramm **MARKO-T** folgt – wie das bereits erwähnte Diagnose- und Trainingsprogramm Kalkulie – inhaltlich dem Kompetenzentwicklungsmodell von Annemarie Fritz und Gabriele Ricken (→ Kap. 4). Im Wesentlichen geht es um den Aufbau von Zählfertigkeiten, um das Erkennen von Zahlbeziehungen, um Mengen- und Teilmengenoperationen und um ein Verständnis für Relationen. Das Programm richtet sich explizit an rechenschwache Kinder, kommt also nicht primärpräventiv, sondern im Sinne einer selektiven oder indizierten Prävention zum Einsatz. Üblicherweise ist eine Diagnostik mit dem Testverfahren Mathematik- und Rechenkonzepte im Vor- und Grundschulalter (MARKO-D) vorgeschaltet. Die Eingangsdiagnostik bestimmt, auf welcher Entwicklungsstufe mit dem Training begonnen wird. Während des Trainings werden immer wieder die Lernfortschritte (formativ) überprüft, um das Tempo und das Anforderungsniveau an die individuelle Kompetenzentwicklung anzupassen. Deshalb ist auch eine Abschätzung des Zeitbedarfs für die maximal 57 Trainingseinheiten schwer möglich. Der Mistkäfer Marko begleitet als Handpuppe die Kinder durch die Trai-

54 Zu MZZ: Krajewski (2014); Krajewski, Nieding & Schneider (2008); Küspert & Krajewski (2014).

ningseinheiten. Im Unterschied zu **MZZ** funktioniert **MARKO-T** nur als Einzeltraining – das ermöglicht natürlich ein hohes Maß an Adaptivität.

Bei den Trainingsprogrammen zur frühen Rechenförderung stehen sich nicht selten die mathematikdidaktischen und die elementarpädagogischen Positionen kontrovers gegenüber, wenn es um die Frage der Spielorientierung der Materialien und des Programmaufbaus geht. Fachdidaktiker und Entwicklungspsychologen kritisieren an den recht populären spielerischen Programmen, dass sie einen Zugang zum abstrakten Zahlbegriff eher erschwerten, z. B. durch eine ausgeprägt märchenhafte und fantasievolle Gestaltung.

Förderung kognitiver Funktionen

Dass es für das *Denktraining* von Karl-Josef Klauer auch eine Version für den Einsatz in Kindergärten gibt (**Denkspiele mit Elfe und Mathis**), ist in → Kap. 4 bereits erwähnt worden. Ebenso wurde dort auf den Sammelband von Sabine Kubesch hingewiesen, der für den Bereich der exekutiven Funktionen und für die Selbstregulationsfähigkeit auf vielfältige Trainingsmaßnahmen verweist, die bereits im Kindergartenalter im Sinne einer universellen Förderung zum Einsatz kommen können. Spielerischen und sportlich-motorischen Aktivitäten kommt dabei eine wichtige Rolle zu.

Besonders bekannt ist das von Deborah Leong und Elena Bodrova an der Universität Denver in Colorado entwickelte Programm **Tools of the Mind** *(Werkzeuge des Geistes)*, das im Folgenden kurz skizziert wird, obgleich es in einer auf deutsche Verhältnisse adaptierten Fassung noch gar nicht vorliegt. Die Ergebnisse aus Evaluationsstudien, die zu **Tools of the Mind** durchgeführt wurden, sind jedoch so vielversprechend, dass das Programm hier eine Darstellung verdient hat.[55] Die theoretische Fundierung des Förderansatzes beruht auf den Überlegungen des russischen Psychologen Lew Wygotski, die in elementarpädagogischen Zusammenhängen und für das schulische Lernen überhaupt eine besondere Rolle spielen. In Anlehnung an Wygotskis *Zone der proximalen Entwicklung* geht das Tools-Programm davon aus, dass eine pädagogisch sinnvolle Förderung nur anhand solcher Aufgabenanforderungen möglich ist, die Kinder leicht überfordern, unter Anleitung durch eine kompetente Erzie-

55 Bodrova & Leong (2007, 2015); Diamond & Lee (2011); Blair & Raver (2014).

herin jedoch zu bewältigen sind. Das Tools-Curriculum erstreckt sich über zwei Kindergartenjahre, ist also kein additives Förderprogramm, sondern eher ein grundständiges elementarpädagogisches Konzept.

Mentale Werkzeuge – das ist die Grundidee von Tools – können, wie technische Werkzeuge auch, unsere Handlungsmöglichkeiten, den Erwerb von Kompetenzen und das Erreichen von Zielen unterstützen und befördern. Solche mentalen Werkzeuge sind vor allem die exekutiven Funktionen des Arbeitsgedächtnisses, der geistigen Flexibilität und der Inhibition, die für die Regulation des eigenen Denkens, Fühlens und Handelns von großer Bedeutsamkeit sind (→ Kap. 4). In Lern- und Rollenspielen lernen Kinder, spontane Impulse zu unterdrücken und auf Belohnungen warten zu können, beim Problemlösen planvoll vorzugehen, ihre Emotionen und Kognitionen zu regulieren und das selbstbezogene Sprechen einzusetzen (Selbstverbalisierungen), um eigene Ziele zu verfolgen und die eigenen Handlungen zu steuern. Die spielerischen Übungen sollen die Widerstandskraft gegen Ablenkungen und Verlockungen in Lernsituationen fördern (Inhibition) und eine raschere Anpassung an sich ändernde Aufgabenanforderungen (Flexibilität) ermöglichen. Neben kollaborativen Lehr-Lern-Formen wie dem reziproken Lehren (z. B. beim Partner-Lesen) werden auch Methoden des dramatischen Spiels und des unterstützten Schreibens eingesetzt sowie das Prinzip des Lerngerüsts (Scaffolding). Solch ein Lerngerüst ist eine vorübergehend gewährte Hilfestellung, die Stück für Stück wieder entzogen wird, wenn das Kind eine nächste Entwicklungsstufe erreicht hat und dieser Hilfe nicht mehr bedarf.

Das Tools-Curriculum enthält eine Reihe schulvorbereitender Anteile, die mit dem in Deutschland weit verbreiteten elementarpädagogischen Verständnis frühkindlicher Bildung nicht ganz kompatibel sind. Es ist jedoch in den USA mit ausgesprochen positiven Ergebnissen evaluiert worden. Und zwar sowohl bei einem primärpräventiv (universell) orientierten Vorgehen als auch bei einem Einsatz in Gruppen mit erhöhten Lern- und Entwicklungsrisiken (selektiv). In einer methodisch anspruchsvollen randomisiert-kontrollierten Studie haben sich jüngst vor allem für die »Risikokinder« beachtliche Effekte im Hinblick auf die exekutiven Funktionen und die Selbstregulationsfähigkeit nachweisen lassen, aber auch Transfereffekte auf die Schriftsprachentwicklung und den Erwerb mathematischer Kompetenzen.

Sprache, Sprache, Sprache

Weil es so selbstverständlich scheint, dass das schulische Lernen auf den sprachlichen Kompetenzen der Kinder und Jugendlichen fußt, wird meist übersehen, dass die sprachlichen Kompetenzen in entscheidender Weise die Möglichkeiten und Grenzen der schulischen Leistungsentwicklung determinieren. Mündliche Sprachkompetenz ist jedoch nicht nur eine entscheidende Voraussetzung für den Erwerb der schriftsprachlichen Fertigkeiten. In allen Schulfächern werden die Lerninhalte sprachlich vermittelt und in allen Fächern sind Kinder und Jugendliche mit eingeschränkten sprachlichen Kompetenzen deshalb benachteiligt. Sprachlichen Defiziten sollte möglichst noch vor der Einschulung durch besonders konsequente und intensive Fördermaßnahmen begegnet werden.[56]

Vereinfacht gesagt, lässt sich das Feld der Sprachförderung in zwei Problembereiche aufteilen: Da sind zum einen (einsprachige oder mehrsprachige) Kinder mit einer bereits diagnostizierten Sprachentwicklungsstörung. Sie bedürfen einer individuellen (indizierten) Sprachtherapie, die weit über die meist alltagsintegriert und universell betriebenen Formen der elementarpädagogischen Sprachförderung hinausreicht. Zum anderen gibt es mehrsprachig aufwachsende Kinder mit sprachlichen Defiziten, die ihren Ursprung in einer zu geringen Kontaktzeit mit der deutschen Sprache haben, in einem zu späten Beginn des Zweitspracherwerbs und/oder in einem qualitativ unzureichenden häuslichen Sprachangebot (Letzteres betrifft oft auch einsprachig deutsch aufwachsende Kinder aus so genannten »bildungsfernen Familien«). Auch sie müssen in aller Regel intensiver gefördert werden, als es im Rahmen der primärpräventiven Sprachförderung möglich ist.

Als *universelle* Entwicklungsförderung, die meist alltagsintegriert bzw. ganzheitlich und situationsorientiert betrieben wird, gehören die Förderung des Sprachverständnisses und der Sprachproduktion ohnehin zu den Kernbereichen früher Bildung. Nicht selten werden in den Kindergärten neben der alltagsintegrierten Förderung auch *besondere*

56 Die Befunde aus den Schuleingangsuntersuchungen zeigen, dass die sprachlichen Defizite von mehrsprachig in Deutschland aufgewachsenen Kindern in hohem Maße mit der Länge der Kindergartenbesuchsdauer kovariieren. Nicht immer ist eine vorschulische Sprachförderung allerdings möglich, weil viele der zugewanderten Kinder erst im Schulalter nach Deutschland kommen.

Programme zur Sprachförderung durchgeführt. All das ist gut und schön – allerdings liegen verlässliche Erkenntnisse über die vergleichende Wirksamkeit solcher Fördermaßnahmen nicht vor.[57] Weil es für den Einsatz besonderer Programme derzeit keine hinreichende Evidenzbasierung gibt, sind neuerdings die *alltagsintegrierten* Sprachfördermaßnahmen mehr in den Fokus des Interesses gerückt. Es bedarf allerdings zusätzlicher Qualifizierungsmaßnahmen für die Erzieherinnen und Erzieher, um den sprachlichen Anregungsgehalt des alltäglichen Interaktionsverhaltens zu optimieren. Das **Heidelberger Interaktionstraining** (HIT) zur frühen Sprachförderung in Kitas ist ein Beispiel für eine solche Fortbildungsmaßnahme. Typische Sprachfördersituationen sind Sprachspiele, das Singen und Reimen, das Vorlesen und Erzählen, das Bilder anschauen und beschreiben lassen, sowie Bewegungsspiele. Üblicherweise kommen dabei Strategien der stützenden und der lehrenden Sprache zum Einsatz, die auch Eltern intuitiv anwenden, wenn sie mit ihren kleinen Kindern sprechen. Im Allgemeinen sind die elementarpädagogisch orientierten alltagsintegrierten Förderansätze und -prinzipien eher auf den Erwerb kommunikativer sprachlicher Kompetenzen und auf eine Erweiterung des Wortschatzes ausgerichtet, und die linguistisch begründeten additiven Förderprogramme zielen mehr auf das implizite Regellernen von Sprache, also auf die syntaktischen und morphologischen Strukturen.

Im Sinne einer *indizierten* Entwicklungsförderung muss es für Kinder mit einer Spezifischen Sprachentwicklungsstörung (SSES) besondere Fördermaßnahmen geben. Sie sollten sich im Anschluss an eine sorgfältige Diagnostik auf die defizitären Bereiche der Sprachproduktion und des Sprachverständnisses beziehen – sowie auf die sprachgebundenen Funktionen des Arbeitsgedächtnisses. Viele der sprachentwicklungsgestörten Kinder sind übrigens auch späte Sprecher *(Late Talker)* gewesen, haben also im Alter von 24 Monaten noch keine 50 Wörter hervorbringen können. Zur Frühdiagnostik einer Sprachentwicklungsstörung taugt das späte Sprechen allerdings kaum, weil ungefähr die Hälfte der späten Sprecher bereits mit 36 Monaten wieder im Normalbereich der Sprachentwicklung liegt. Erst im Alter von etwa drei bis vier Jahren ist eine verlässliche Sprachstandsdiagnostik möglich.

57 Zusammenfassend: Gold & Dubowy (2013); Ruberg & Rothweiler (2012); Jungmann (2014).

In den vergangenen Jahren sind die sprachlichen Auffälligkeiten der mehrsprachig aufwachsenden Kinder vermehrt in den Blick genommen worden. Aus zwei Gründen: Zum einen liegt der Anteil *mehrsprachiger Kinder* in den Ballungsräumen oftmals jetzt schon bei mehr als 50 Prozent eines Jahrgangs, und zum anderen gibt es unter den mehrsprachig aufwachsenden Kindern überproportional viele, denen das schulische Lernen Schwierigkeiten bereitet. Wichtig ist an dieser Stelle zu betonen: Nicht die Mehrsprachigkeit an sich beeinträchtigt die Sprachentwicklung und erhöht das Risiko späterer Lern- und Leistungsprobleme in der Schule, sondern die mit dem mehrsprachigen Aufwachsen oft verbundenen Risikofaktoren eines niedrigen Sozialstatus der Familie und einer vergleichsweise geringen Frequenz qualitativ hinreichender sprachlicher Interaktionen und Erfahrungen in der späteren Unterrichtssprache. Neben Dauer, Intensität und Qualität der (deutschen) Sprachkontakte spielt für die Kinder mit Deutsch als Zweitsprache (DaZ) ein weiterer Aspekt eine große Rolle: der Zeitpunkt des Erwerbsbeginns, d. h. ob die Zweitsprache vor oder erst nach dem vierten Lebensjahr hinzukommt. Wenn Kinder von Anfang an zweisprachig aufwachsen oder wenn der Zweitspracherwerb bereits vor dem vierten Geburtstag beginnt, sind Nachteile aufgrund des zweisprachigen Aufwachsens nämlich in der Regel nicht zu erwarten.

Im Sinne einer *selektiven* Entwicklungsförderung muss den Entwicklungsrückständen der mehrsprachig aufwachsenden Kinder meist in besonderer Weise begegnet werden. Die Förderung – das ist das Entscheidende – muss sich am Sprachentwicklungsstand der Kinder orientieren und nicht an ihrem Lebensalter. Die Fördermaßnahmen und -prinzipien entsprechen den oben unter *universelle* Entwicklungsförderung bereits erwähnten. Ein zusätzlicher Schwerpunkt wird in aller Regel in der Förderung des Wortschatzes liegen. Oft werden die Sprachfördermaßnahmen auch nach der Einschulung fortzuführen sein.

Gut zu wissen: Was die Eltern tun können

Weil Eltern häufiger mit ihren Kindern zusammen sind als die Erzieherinnen und Sprachtherapeutinnen, ist es eine naheliegende Idee, die Eltern-Kind-Interaktionen zur gezielten Förderung der kindlichen Sprachentwicklung zu nutzen. Das **Heidelberger Elterntraining** (HET) für Eltern von Kindern mit isolierter Verzögerung des Spracherwerbs richtet sich an Eltern Zwei- bis Dreijähriger, die in der U7 als späte Sprecher (Late Talker) auffällig geworden sind (Buschmann, 2011). Die Eltern werden an sieben zweistündigen Terminen in das dialogische Bilderbuchlesen eingewiesen sowie auf den Einsatz des korrektiven Feedbacks und von Modellierungstechniken als Sprachlehrstrategien vorbereitet. Evaluationsstudien bestätigen die Wirksamkeit des Elterntrainings. Das Heidelberger Interaktionstraining (HIT) zur frühen Sprachförderung in Kitas ist eine Variante dieses erfolgreichen Programms.

Fazit

Durch präventive Maßnahmen im Vor- und Grundschulalter lassen sich spätere Lernschwierigkeiten zwar nicht gänzlich verhindern, aber die Wahrscheinlichkeit und der Schweregrad ihres Auftretens lassen sich verringern. Maßnahmen der selektiven und indizierten Prävention können umso wirkungsvoller sein, je spezifischer sie auf eine individuelle Risikolage bzw. eine mögliche Beeinträchtigung ausgerichtet sind. Um schulischen Lernproblemen möglichst frühzeitig entgegenwirken zu können, bedarf es deshalb einer sorgfältigen Frühdiagnostik der Vorläuferfertigkeiten schulischer Kompetenzen sowie der Sprachentwicklung. Vornehmlich primärpräventiv eingesetzte Trainingsprogramme zur Förderung der phonologischen Bewusstheit und der frühen mathematischen Kompetenzen sind nachweislich wirksam. Für Kinder mit Entwicklungsauffälligkeiten und/oder in besonderen Risikolagen sind sie allein jedoch nicht ausreichend. Für Kinder mit einer gestörten Sprachentwicklung sowie für mehrsprachig aufwachsende Kinder, die vor ihrem Schuleintritt in Dauer, Intensität und Qualität nicht in ausreichender Weise Erfahrungen mit der deutschen Sprache gemacht haben, sind oft zusätzliche Sprachfördermaßnahmen nach dem Schuleintritt erforderlich, damit es nicht zu Lernschwierigkeiten kommt.

6 Was in den Verordnungen und Erlassen steht

Ein Blick in die Richtlinien und Verwaltungsvorschriften der Bundesländer offenbart ein beträchtliches Ausmaß an Heterogenität.[58] Kein Wunder, sind doch auch die Wissenschaftler uneins darüber, was man unter einer Lernstörung bzw. -schwäche sowie unter einer Lernbehinderung genau verstehen und wie man diese behandeln soll!

Wie in →Kap. 1 ausgeführt, bezeichnet man es in der klinisch-medizinischen Tradition als *Lernschwäche,* wenn es bei einer Intelligenz im Normalbereich dennoch zu erheblichen schulischen Minderleistungen im Lesen, Rechtschreiben oder Rechnen kommt, und als *Lernstörung,* wenn die Diskrepanz zwischen den (normalen) Intelligenztestwerten und den schulischen Minderleistungen besonders groß ist. Gehen die schulischen Minderleistungen mit einer intellektuellen Beeinträchtigung, also einer Intelligenzminderung, einher, spricht man von einer *Lernbehinderung.*

Schulrechtlich hat vor allem die letztgenannte Kategorie der *Lernbehinderung* frühzeitig Spuren hinterlassen, weil mit der Feststellung einer Lernbehinderung (eines sonderpädagogischen Förderbedarfs) nicht nur das Anrecht auf eine sonderpädagogische Förderung, son-

58 Als Verordnungen, Erlasse, Richtlinien oder Verwaltungsvorschriften werden die im Verantwortungsbereich der jeweiligen Exekutive (also in den Kultusministerien der Bundesländer) verfassten untergesetzlichen Rechtsnormen bezeichnet. Von einem formellen Gesetz (den Schulgesetzen der Bundesländer) unterscheidet sie, dass ein verfassungsrechtlich vorgeschriebenes Gesetzgebungsverfahren nicht durchlaufen wurde. Sie beinhalten präzisere Handlungsanweisungen für das Verwaltungshandeln im Einzelfall als das allgemeiner gehaltene Schulgesetz. Falls sie Betroffenen nicht gesetzkonform erscheinen, steht eine Klage vor dem Bundesverwaltungsgericht offen.

dern – bis vor einigen Jahren – zudem eine Entscheidung über einen besonderen Förderort (Förder- bzw. Sonderschule) außerhalb der allgemeinbildenden Schule verknüpft waren. Auf das Feststellungsverfahren sonderpädagogischen Förderbedarfs im Bereich des Lern- und Leistungsverhaltens wird weiter unten eingegangen. Zunächst zu den Kindern und Jugendlichen in den beiden anderen Kategorien (Lernschwächen und -störungen), die wesentlich häufiger vorkommen. Denn auch zur Förderung von Schülerinnen und Schülern mit Lernschwächen und -störungen sind in den vergangenen 40 Jahren viele Verordnungen und Erlasse verfügt worden. Wie lässt sich diese Vielfalt einigermaßen übersichtlich darstellen? Die Konferenz der Kultusminister (KMK) unterscheidet mittlerweile nicht mehr zwischen der *Lernschwäche* und der *Lernstörung* und spricht nur noch von Schülerinnen und Schülern »mit *besonderen Schwierigkeiten*« im Lesen und Rechtschreiben oder im Rechnen.[59] Gemeint sind damit die in den allgemeinbildenden Schulen durch entsprechende Minderleistungen auffallenden Kinder und Jugendlichen. Die meisten Bundesländer haben diese Terminologie übernommen. Die Feststellung der *besonderen Schwierigkeiten* ist in den meisten Bundesländern Aufgabe der Schule, unterstützt und beraten werden die Lehrerinnen und Lehrer dabei oft durch Schulpsychologen oder -ärzte. Auch die Regelungen zur individuellen Förderung und zum Nachteilsausgleich verantwortet die Schule unter Beachtung der landesschulrechtlichen Verordnungen und Erlasse. Im Folgenden werden Gemeinsamkeiten und Unterschiede dieser Regelungen in ihren Grundzügen dargestellt. Dabei geht es um vier Aspekte:

59 KMK (2007). Auf Quellennachweise zu den Regelungen in den einzelnen Bundesländern wird hier und im Folgenden verzichtet. Die jeweiligen Verordnungen und Erlasse sind auf den Websites der Ministerien leicht zu finden. Annett Köhler (2005) hat für die Lese-Rechtschreibstörung die seinerzeitige Befundlage zusammengefasst. Damals bezogen sich die Regelungen der Bundesländer noch auf die KMK-Empfehlungen aus dem Jahr 1978. Die hier berichteten Regelungen (Stand Januar 2016) sind zwar in nahezu allen Bundesländern in den vergangenen Jahren aktualisiert worden. Sie unterliegen jedoch fortlaufenden Anpassungen und Veränderungen – nicht selten aufgrund verwaltungsgerichtlicher Entscheide.

1. Wie sind die besonderen Schwierigkeiten definiert?
2. Wie geht der diagnostische Prozess vor sich?
3. Welche Maßnahmen individueller Förderung sind vorgesehen?
4. Welche Maßnahmen des Nachteilsausgleichs sind zulässig?[60]

Besondere Schwierigkeiten von Schleswig-Holstein bis Bayern

Hängt es vom Wohnort ab, ob sich Kinder und Jugendliche beim Lesen, Rechtschreiben oder Rechnen besonders schwer tun? Natürlich nicht, aber wie pädagogisch und schulrechtlich mit Kindern und Jugendlichen umgegangen wird, denen das Lesen, Rechtschreiben oder Rechnen schwerer fällt, wird in den Bundesländern unterschiedlich gehandhabt. Und auch, nach welchen Kriterien die »besonderen Schwierigkeiten« attestiert werden. In *Schleswig-Holstein* gibt es beispielsweise einen Legasthenie-Erlass, der durchgängig den Begriff der Lese-Rechtschreib-Schwäche (LRS) verwendet und zwar synonym mit der Bezeichnung Legasthenie. Gemeint sind damit schwache Lese-Rechtschreibleistungen bei mindestens durchschnittlicher Intelligenz. Wer von Schleswig-Holstein nach Bayern umzieht, muss sich umstellen. Denn dort kennt man sowohl die *Lese-Rechtschreibschwäche* als auch die *Lese-Rechtschreibstörung* – und nicht etwa als Synonyme! In *Bayern* wird nämlich als Lese-Rechtschreibschwäche, dort ebenfalls LRS genannt, das umweltbedingte und weniger gravierende vorübergehende schulische Leistungsversagen bezeichnet, und als Lese-Rechtschreibstörung, dort Legasthenie genannt, das neurobiologisch bedingte und länger andauernde Erscheinungsbild, also das, was in Schleswig-Holstein die Lese-Recht-schreib-Schwäche ist. Nur bei der Lese-Rechtschreibstörung »müssen« in Bayern Nachteilsausgleich und Notenschutz gewährt werden, nicht hingegen bei einer Lese-Rechtschreibschwäche. Allerdings »können« auch bei einer vorübergehenden Lese-Rechtschreibschwäche – nach pädagogischem Ermessen – die Leistungen im Lesen und Rechtschreiben »zurückhaltend gewichtet« werden. Festzuhalten bleibt, dass eine in Schleswig-Holstein festgestellte Lese-Rechtschreibschwäche in Bayern nicht ohne Weiteres anerkannt wird, weil in Bayern – anders als in

60 Für die aufwendigen Recherchen in dieser Angelegenheit danke ich Frau Dr. Minja Dubowy.

Schleswig-Holstein – ein fachärztliches und nicht nur ein psychologisches oder von einer Fachkraft der Schule verfasstes Gutachten vorzulegen ist. In aller Regel werden sich die fachärztlichen Begutachtungen bei der Störungsdiagnostik – wie bereits erwähnt – an den ICD-10-Leitlinien orientieren, die das Kriterium der IQ-Diskrepanz noch beinhalten.

Zu den Definitionen

Eindeutig ist die Abgrenzung der Schülerinnen und Schüler mit *besonderen Schwierigkeiten* von den Schülerinnen und Schülern mit sonderpädagogischem Förderbedarf. In fast allen Bundesländern gibt es eigene Verordnungen und Erlasse, die sich speziell auf die letztgenannten beziehen, dazu später mehr. Bayern und das Saarland nehmen sich die Freiheit, den Begriff der besonderen Schwierigkeiten in ihren Verlautbarungen nur in der Überschrift oder nur als Oberbegriff zu verwenden, während die anderen Bundesländer den Begriff der besonderen Schwierigkeiten in den Ausführungen konsequent beibehalten, einige aber gleichzeitig explizit oder implizit synonym mit Begrifflichkeiten wie »Schwäche« oder »Störung« operieren. Diese Komplexität wäre noch in den Griff zu bekommen, würden nicht dieselben Begriffe einmal Gleiches bezeichnen und ein anderes Mal Unterschiedliches.

Die meisten Bundesländer nehmen semantische Differenzierungen allerdings gar nicht vor und sprechen entweder konsequent von den besonderen Schwierigkeiten im Lesen oder Rechtschreiben (z. B. Hamburg, Hessen, Niedersachsen, Mecklenburg-Vorpommern) oder verwenden zusätzlich, explizit oder implizit gleichbedeutend, die Begriffe Lese-Rechtschreibschwäche oder Lese-Rechtschreibstörung.[61] Wenig hilfreich, wenn nicht sogar irritierend, ist in diesem Zusammenhang die Verwendung des mehrdeutigen Kürzels LRS, ohne zu erklären, wofür es eigentlich steht (Berlin, Brandenburg, Bremen). In Bayern und im Saarland wird, der klinisch-medizinischen Tradition folgend, zwischen der gravierenden und persistierenden Lese-Rechtschreibstörung und einem vorübergehenden legasthenen Erscheinungsbild – der Lese-Rechtschreibschwäche – unterschieden. Dort wird die KMK-Begriff-

61 Um die Komplexität der Vergleiche zu reduzieren, bleiben die Ausführungen zunächst auf die besonderen Schwierigkeiten im Lesen und Rechtschreiben begrenzt. Später wird separat auf das Rechnen eingegangen.

lichkeit der besonderen Schwierigkeiten nur als gemeinsame Klammer auf der Symptomebene verwendet. Für die Störungsdiagnostik wird in Bayern und im Saarland folgerichtig auf die IQ-Diskrepanz rekurriert – ohne dass dies in den Erlassen explizit thematisiert würde.

Es käme einer akademischen Spiegelfechterei gleich, wollte man den Gebrauch der Begrifflichkeiten Legasthenie und Dyslexie sowie des polyvalent nutzbaren Kürzels LRS innerhalb der einzelnen Erlasse bzw. im Vergleich zwischen den Erlassen der Bundesländer ebenfalls einer näheren Analyse unterziehen. Festzuhalten bleibt allerdings die bereits erwähnte Differenzierung zwischen den Bundesländern: Wird in den Erlassen zwischen einer IQ-diskrepanten Lernstörung (im engeren Sinne) und einer weniger gravierenden Lernschwäche (einer Lernstörung im weiteren Sinne) unterschieden? Genauer: Ist die schulische Minderleistung das alleinige Kriterium, welches über Förderbedarf, Nachteilsausgleich und ggf. Notenschutz entscheidet, oder kommt es zusätzlich auf die Diskrepanz dieser Minderleistung zum Intelligenztestwert an? In 14 von 16 Bundesländern spielt das Kriterium der IQ-Diskrepanz in den Erlassen weder explizit noch implizit eine Rolle – weil mit dem herkömmlichen klinisch-medizinischen Störungsbegriff gar nicht gearbeitet wird. Dass auch in diesen Bundesländern die IQ-Diskrepanz über die Hintertür der zugelassenen oder gar vorgeschriebenen medizinisch-psychologischen Gutachten dennoch wieder ins Spiel kommen mag, ist ein anderer Punkt. In Bayern und im Saarland (und in einigen anderen Bundesländern zumindest in der Sekundarstufe) wird in den Erlassen explizit zwischen Lernstörungen und -schwächen unterschieden. Implizit heißt dies, dass das Kriterium der IQ-Diskrepanz heranzuziehen ist, um zwischen Kindern mit Lernstörungen und -schwächen zu unterscheiden – was sonst?

Mit der differenzierten Verwendung von Begriffen geht oft einher, dass spezifische Aussagen über die Ursachen der vorübergehenden Schwäche (z. B. Schulwechsel, Erkrankung, familiäre Probleme), der entwicklungsbiologischen Störung (z. B. zentralnervöse Dysfunktionen, genetische Faktoren) oder der besonderen Schwierigkeiten gemacht werden, die sich in erster Linie an den Ausführungen in den klinisch-medizinischen Manualen orientieren. In den Erlassen Bayerns und des Saarlands ist das der Fall. In anderen Bundesländern wird hingegen nur auf eine Vielzahl möglicher Ursachen verwiesen, wie in Baden-Württemberg, Thüringen und Schleswig-Holstein. Am wenigsten angreifbar machen sich jene Erlasse, die auf mögliche Ursachen der besonderen Schwierigkeiten gar nicht eingehen und auch das Thema Intelligenz konsequent ausklammern (z. B. Bremen, Brandenburg, Hamburg und Hessen).

Und was die Verwendung des Kürzels *LRS* betrifft: Sinnvollerweise sollte man entweder ganz darauf verzichten oder sich zuvor darüber verständigen, ob das S nun für eine Schwierigkeit, Schwäche oder Störung steht. In den allermeisten Erlassen steht das Kürzel LRS für die Lese-Rechtschreib-Schwäche – und entspricht in der Bedeutung dem, was in → Kap. 1 auch als Lernstörung im weiteren Sinne bezeichnet wurde. Am einfachsten wäre es, wie in den KMK-Grundsätzen von 2007 vorgeschlagen, einheitlich von *besonderen Schwierigkeiten* zu sprechen und allein die schulische Minderleistung als Definitionskriterium gelten zu lassen.

Zur Diagnose von Lese-Rechtschreibschwierigkeiten

Wie lassen sich die Kinder identifizieren, die besonderer Förderung bedürfen? In der Mehrzahl der Bundesländer wird die Feststellung der besonderen Schwierigkeiten allein der Schule, d. h. den Fach- bzw. Klassenlehrerinnen und -lehrern oder einer dafür qualifizierten schulischen Fachkraft, überantwortet. Dort wird auch über das weitere Vorgehen entschieden, zumeist in Klassenkonferenzen oder durch die Schulleitung. Allerdings macht es meist einen Unterschied, ob es sich um ein Feststellungsverfahren in den Grundschulklassen handelt oder in den Klassen der Sekundarstufe. In der Sekundarstufe I – und erst recht, wenn die nachteilsausgleichenden Maßnahmen in der Sekundarstufe II weiterhin gewährt werden sollen – müssen Entscheidungen der Schule in vielen Bundesländern von schulaufsichtlicher Seite gebilligt werden, sofern sie nicht ohnehin dort getroffen werden. Oft wird nahegelegt, die schulpsychologischen Dienste, andere externe Institutionen und die gegebenenfalls auf Initiative der Eltern bereits vorliegenden psychologischen oder ärztlichen Gutachten in die Entscheidungsfindung mit einzubeziehen (z. B. in Brandenburg, Hessen, Niedersachsen und Schleswig-Holstein). In Mecklenburg-Vorpommern ist bei den Schulaufsichtsbehörden ein eigener Diagnostischer Dienst (Zentraler Fachbereich für Diagnostik und Schulpsychologie) eingerichtet. Entscheidungen über die weiteren pädagogischen Maßnahmen trifft dort die untere Schulbehörde im Benehmen mit der zuständigen Schule. In Bremen gibt es die Regionalen Beratungs- und Unterstützungszentren, an welche die einzelnen Schulen sich wenden können. Sollen Nachteilsausgleich und Notenschutz in den Abschlussklassen der Sekundarstufe I sowie darüber hinaus gewährt werden, ist ein befürwortendes Gutachten des zuständigen Zentrums Voraussetzung. In Sachsen ist ein von der Sächsischen Bildungsagentur berufenes Diagnostikteam zuständig, bestehend aus zwei LRS-Lehrern, einem Schulpsychologen und einem Sprachheilpädagogen.[62] In einigen Bundesländern ist die Benennung einer speziellen LRS-Lehrkraft an jeder Schule vorgesehen, in deren Aufgabenbereich neben der Förderplanung auch die Diagnostik fällt (z. B. in Berlin und Schleswig-Holstein).

Nur selten werden die testdiagnostischen Verfahren vorgeschlagen, die bei der Diagnostik zum Einsatz kommen sollen (z. B. in Hamburg für das Feststellungsverfahren in der Grundschule). In der Hamburger Richtlinie ist sogar der Grenzwert (PR < 5) genannt, welcher zur Diagnose der besonderen Schwierigkeiten anzusetzen ist. Relevanz erlangt diese Setzung in Hamburg nicht nur im Hinblick auf das Gewähren von Nachteilsausgleich und Notenschutz, sondern auch im Hinblick auf den Anspruch auf außerunterrichtliche Lernhilfen sowie auf eine Kostenübernahme dieser Hilfen. Meist bleiben die inhaltlichen Vorgaben zur Feststellung schulischer Minderleistungen und ggf. zum Ausschluss einer intellektuellen Beeinträchtigung jedoch vage. Und zwar sowohl, was die diagnostischen Instrumente angeht, als auch hinsichtlich der Grenzwerte der Auffälligkeit bzw. Unauffälligkeit. In Schleswig-Holstein heißt es nur, dass die Lese-Rechtschreibfertigkeit sowie die Begabungshöhe (Intelligenz) zu überprüfen sei. Anderswo wird von »mangelhaften« oder »unterdurchschnittlichen« schulischen Leistungen gesprochen und von einer »mindestens durchschnittlichen Intelligenz«.

In Bremen sind in der Primarstufe nicht näher spezifizierte Sichtungsverfahren (Screenings), die durch die Lehrpersonen durchzuführen sind, vorgesehen. Für die weitergehende Diagnostik wird auf die Regionalen Beratungs- und Unterstützungszentren verwiesen. In Thüringen wird eine formelle testpsychologische Diagnostik nicht für erforderlich gehalten, sondern nur eine »schulische Diagnose«.[63] Andere Bundesländer machen gar keine näheren Angaben hierzu (z. B. Berlin,

62 Von LRS-Lehrkräften ist auch in Berlin und Schleswig-Holstein die Rede.

63 Wer das vorschnell kritisiert, sollte bedenken, dass so möglicherweise auch jenen Kindern mit Lese-Rechtschreibschwierigkeiten individuelle Förderung und besondere Hilfen zuteilwerden, die bei der kategorialen Diagnostik nicht klassifiziert wurden.

Hessen, Rheinland-Pfalz und Sachsen). In den Grundsätzen der KMK wird die Notwendigkeit einer klinisch-medizinischen oder testpsychologischen Diagnostik überhaupt nicht thematisiert. Vielmehr ist nur von »förderdiagnostischen Beobachtungen in der Schule« die Rede.

Zur individuellen Förderung

Unterschiedlich detailliert ausgeführt, aber weitgehend übereinstimmend halten die Bundesländer gestufte Entwicklungs- oder Förderpläne, differenzierte Aufgabenanforderungen, Zusatzkurse und Intervallförderung für probate Mittel schulischer Lernhilfe. Die Förderung soll möglichst früh beginnen. In einigen Bundesländern gibt es deshalb besonders engführende Vorschriften für die Eingangsstufe und die Grundschuljahre (Hamburg, Saarland, Schleswig-Holstein) oder gar einen besonderen Erlass, der sich eigens auf die Grundschule bezieht (Berlin). Die frühe Förderung soll auf einer sorgfältigen Diagnostik der Lernausgangslage aufbauen.

Was die Inhalte der Förderung betrifft, gehen die Erlasse im Allgemeinen nicht ins Detail. Die Grundsätze der KMK sprechen von »Maßnahmen der Differenzierung und individuellen Förderung«, die bis zum Ende der Jahrgangsstufe 10 abgeschlossen sein sollten. In der Hamburger Richtlinie ist von individuellen Förderplänen als Grundlagen für Differenzierungsmaßnahmen die Rede, die im Anschluss an Lernbeobachtungen und Tests erstellt werden. Anderswo wird pauschal von Förderkonzepten der Schule oder von Sprachförderkonzepten gesprochen (z. B. in Hessen oder Schleswig-Holstein). In den meisten Bundesländern werden unterrichtsadditive schulische Maßnahmen in besonderen Lerngruppen als zweite Stufe der Förderung genannt, wenn eine Binnendifferenzierung im Rahmen des Regelunterrichts nicht mehr ausreicht. In Mecklenburg-Vorpommern und in Sachsen ist die Einrichtung spezieller LRS-Klassen möglich. Zusätzlich zum Regelunterricht können auch besondere Lerngruppen (Förderkurse) eingerichtet werden, unter anderem in Bremen, Hessen und Baden-Württemberg. Für Kinder mit festgestellten Schwierigkeiten ist ihr Besuch meist verpflichtend.

Für die Förderung in der Sekundarstufe gibt es weniger detaillierte Vorgaben. Oft wird nur allgemein auf schuleigene Förderkonzepte verwiesen. In Berlin und in Rheinland-Pfalz gibt es einen eigenen Erlass für die Sekundarstufe I. Anders als im Grundschulbereich wird generell davon ausgegangen, dass die älteren Schülerinnen und Schüler eigenverantwortlich an ihren Defiziten arbeiten (Schleswig-Holstein). In der Sekundarstufe II rechtfertigen nur besonders begründete Ausnahmefälle eine Fortsetzung der Fördermaßnahmen (Hessen). Dass die Fördermaßnahmen spätestens bis zum Ende der Sekundarstufe I abgeschlossen sein sollen, steht in den meisten Erlassen.

Auf die schulischen können in besonders schwierigen Fällen außerschulische Fördermaßnahmen folgen. In der Hamburger Richtlinie ist ein Bewilligungsverfahren zur Gewährung außerunterrichtlicher Lernhilfe geregelt, falls die Fördermöglichkeiten der Schule nicht ausreichen. Auch in den Bremer Richtlinien wird auf die Möglichkeit der Inanspruchnahme außerschulischer therapeutischer Leistungen verwiesen.

Zu Nachteilsausgleich und Notenschutz

Möglichkeiten des Nachteilsausgleichs (besondere Hilfen) und die Zulässigkeit eines Abweichens von allgemeinen Grundsätzen der Leistungsbewertung (Notenschutz) sind in allen Erlassen erwähnt, meist sogar näher beschrieben. Eine vorangegangene Förderdiagnostik sowie die (erfolglose) Teilnahme an Fördermaßnahmen sind allerdings notwendige Voraussetzungen für das Gewähren solcher Vergünstigungen. Vorrangig und vergleichsweise unproblematisch sind die nachteilsausgleichenden Maßnahmen (z. B. die Ausweitung von Arbeitszeiten oder das Gewähren von Hilfsmitteln zur elektronischen Textverarbeitung), bei denen allgemeine Grundsätze der Leistungsbewertung nicht unmittelbar verletzt werden. Wird hingegen Notenschutz gewährt, bleibt also beispielsweise die Rechtschreibung bei der Bewertung einer schriftlichen Arbeit gänzlich unberücksichtigt oder wird die komplette Aussetzung einer (Teil-)Note für einen bestimmten Zeitraum gewährt, muss dies im Zeugnis vermerkt werden. Desgleichen, wenn mündliche Leistungen in Deutsch und in den Fremdsprachen stärker gewichtet werden. In Zeugnissen dürfen allerdings – im Gegensatz zum Notenschutz – keine Bemerkungen über gewährte Nachteilsausgleiche erscheinen, sofern diese nicht die Leistungsfeststellung als solche tangieren.

Gut zu wissen: Fehlerindizes

In Hessen (und in den anderen Bundesländern auch) gibt es detaillierte Regelungen zum Umgang mit Verstößen gegen die *Sprachrichtigkeit* in schriftlichen Arbeiten im Fach Deutsch sowie in anderen Fächern, die einen hohen (z. B. Geschichte) oder niedrigen (z. B. Physik) sprachlichen Anteil besitzen. Verstöße gegen die Sprachrichtigkeit sind vor allem Rechtschreib-, Grammatik-, Zeichensetzungs- und Ausdrucksfehler. Zur Ermittlung der Sprachrichtigkeit wird nach der Formel: Fehlerzahl x 100/Zahl der geschriebenen Wörter ein *Fehlerindex* (Fehlerquotient) berechnet. Liegt der Fehlerindex bei mehr als einem Prozent, sind in der Sekundarstufe Abstriche in der Bewertung der Arbeiten vorzunehmen – sind also die Notenpunktwerte (NP) der schriftlichen Leistungen zu reduzieren. Liegt der Fehlerindex bei einer schriftlichen Arbeit im Fach Deutsch bei mehr als acht Prozent, ist die Gesamtbeurteilung um 4 NP zu reduzieren. Das ist der *Worst Case.* Liegt der Fehlerindex bei vier Prozent, hat ein Abzug um 2 NP zu erfolgen. Im Fach Geschichte soll erst bei einem Fehlerindex von mehr als sechs Prozent ein *Punktabzug* um 2 NP erfolgen. Für die (modernen) Fremdsprachen gibt es eigene Regelungen. Dort wird die Gesamtnote einer schriftlichen Arbeit im Verhältnis 1:1:1 aus den Bewertungen der Sprachrichtigkeit (Fehler), des Ausdrucksvermögens (Stil) und der inhaltlichen Leistung gebildet. Im Leistungskurs Englisch hat das etwa zur Folge, dass schon aus einem Fehlerindex ab fünf Prozent 0 NP für die Sprachrichtigkeit resultieren und in Französisch bei einem Fehlerindex ab acht Prozent ebenfalls. Auf die Berechnung der Gesamtnote hat ein solcher Totalausfall in einer von drei Bewertungsdimensionen natürlich erhebliche Auswirkungen. Für Kinder und Jugendliche mit einer diagnostizierten Lese-Rechtschreibstörung kann auf eine Bewertung der Rechtschreibleistung teilweise oder gänzlich verzichtet werden. Zu Notenpunktabzügen in den genannten Fächern kommt es dann nicht *(Notenschutz).*

Nachteilsausgleich und Notenschutz werden in der Regel nur bis zum Ende der Sekundarstufe I gewährt. Soll noch in der abiturvorbereitenden Einführungs- und/oder Qualifikationsphase von den allgemeinen Grundsätzen der Leistungsbewertung abgewichen werden, setzt dies oft eine (erneute) medizinisch-psychologische Diagnostik voraus (z. B. in Brandenburg) und/oder eine Unterrichtung bzw. Zustimmung der Schulaufsicht (z. B. in Hessen). Das Bundesverwaltungsgericht hat im Juli 2015 in einer viel beachteten Entscheidung hervorgehoben, dass es für den Notenschutz und für etwaige Zeugnisvermerke einer schulgesetzlichen Regelung bedarf. Die ministeriellen Erlasse reichen demnach dafür nicht aus.

Besondere Hilfen *(Nachteilsausgleich)* in Lern- und Leistungssituationen gehören zum pädagogischen Alltag im Umgang mit Heterogenität – sind sozusagen ein Kernelement adaptiven Unterrichtens. Auf die besonderen Bedürfnisse von Kindern und Jugendlichen mit besonderen Schwierigkeiten oder mit einer Behinderung einzugehen, ist notwendig, damit individuelle Lernblockaden sich nicht verfestigen, die Lernfreude erhalten bleibt, notwendige Erfolgserlebnisse ermöglicht und Entmutigungen vermieden werden. Verlängerte Arbeitszeiten bei Klassenarbeiten, das Zulassen spezieller technischer und didaktischer Hilfs- bzw. Arbeitsmittel, differenzierte Aufgabenstellungen oder das Gewähren einer mündlichen statt einer schriftlichen Prüfung gehören zu solchen Maßnahmen. Die jeweiligen Lehrerinnen und Lehrer werden sich aus Gründen der Rechtssicherheit solche Maßnahmen im Einzelfall durch ihre Klassenkonferenz und Schulleitung billigen lassen. Dennoch bleibt ihnen ein pädagogischer Ermessensspielraum, wem sie in welchem Maße die besonderen Hilfen gewähren. Eines Zeugnisvermerks oder eines Vermerks in einer Klassenarbeit bedarf es in den meisten Fällen nicht. Das ist beim Notenschutz anders.

An der Berechtigung eines Abweichens von den allgemeinen Grundsätzen der Leistungsfeststellung und -bewertung *(Notenschutz)* scheiden sich nicht selten die Geister. Denn der Notenschutz besagt – vereinfacht ausgedrückt –, dass die unzureichenden Rechtschreibfertigkeiten der Kinder und Jugendlichen mit einer Lese-Rechtschreibstörung bei der Vergabe von Zeugnisnoten in Deutsch, in den Fremdsprachen sowie in weiteren Fächern mit sprachlichen Anteilen *nicht leistungsmindernd zu bewerten* sind. Von einem Notenschutz verspricht man sich – hier ähnelt die Argumentation der für den Nachteilsausgleich bereits skizzierten –, dass die Kinder und Jugendlichen ermutigt werden und auf ihre Stärken vertrauen können, statt dass sie aufgrund ihrer veränderungsresistenten Lese-Rechtschreibstörung fortwährend mit nicht ausreichenden Leistungsbewertungen in schriftlichen Arbeiten konfrontiert werden.

Problematisch ist, dass ein solch massiver Eingriff in die allgemeinen Maßstäbe der Leistungsbewertung nicht selten auf der Grundlage eines nicht unumstrittenen diagnostischen Verfahrens erfolgt (s. o.). Oder noch grundsätzlicher: Dass nicht allen Kindern und Jugendlichen mit unzureichenden Lese-Rechtschreibfertigkeiten diese Vorteile gewährt werden.[64] Für Versetzungen und Übergänge kann es eine erhebliche Rolle spielen, ob Notenschutz gewährt wurde oder nicht. Und für die Schulabschlussnote natürlich auch.

Es entbehrt leider nicht einer gewissen Zufälligkeit, ob Kindern mit besonderen Schwierigkeiten beim Lesen und Rechtschreiben Nachteilsausgleich und Notenschutz gewährt wird oder nicht. Erstens kommt es darauf an, ob Lehrerinnen und Lehrer und/oder die Eltern der betroffenen Kinder und Jugendlichen überhaupt diagnostische Maßnahmen zur Feststellung eines besonderen Förderbedarfs eingeleitet haben. Zum anderen natürlich zweitens, mit welchen Ergebnissen diese Diagnostik geendet hat, und welche Entscheidungen die Schule bzw. das Schulamt getroffen haben. Ob die besonderen Schwierigkeiten im Sinne einer Lese-Rechtschreibschwäche oder -störung einen Anspruch auf individuelle Förderung, besondere Hilfen und Notenschutz begründen, hängt aber zudem drittens davon ab, wo die betreffenden Schülerinnen und Schüler wohnen, welche Grenzwerte der Minderleistung bei der Diagnostik angesetzt werden, und ob die Intelligenz bei der Diagnosestellung einbezogen wird.

64 Hier wären im Sinne einer größeren Beurteilungsgerechtigkeit drei Argumentationslinien zur Abhilfe denkbar: (1) Man verständigt sich darauf, auf die Bewertung der Sprachrichtigkeit in allen Fächern (oder zumindest im Fach Deutsch) und bei allen Kindern gänzlich zu verzichten. Das aber liefe im Extremfall darauf hinaus, Diktate und Sprachtests grundsätzlich nicht mehr zu bewerten. (2) Man verzichtet auf den Notenschutz und berechnet die Punktabzüge nach Fehlerindex für alle Kinder in gleicher Weise. (3) Man gewährt einen moderaten Notenschutz für alle Kinder, deren Rechtschreibleistung einen bestimmten Fehlerindex überschreitet.

Gut zu wissen: Notenschutz in der Oberstufe

Marie (12. Klasse, gymnasiale Oberstufe, Hessen) schreibt einen guten Aufsatz in Deutsch (12 NP) und eine sehr gute Arbeit in Geschichte (14 NP). Im Fach Politik und Wirtschaft ist die schriftliche Leistung durchschnittlich (8 NP). In der Rechtschreibung ist Marie allerdings schwach. Für ihre schriftliche Leistung in Deutsch ist deshalb bei einem Fehlerindex > 6 ein Punktabzug um 3 NP vorgeschrieben, in Geschichte sowie in Politik und Wirtschaft um jeweils 2 NP. In Deutsch führt das zu einer Gesamtnote von 9 NP und in den beiden anderen Fächern zu 12 NP bzw. 6 NP. Weil auch bei der Bewertung der schriftlichen Leistung in den Fächern Französisch und Englisch der Fehlerindex eine Rolle spielt, reduzieren sich dort ihre Gesamtnoten um jeweils 3 NP auf 7 NP bzw. 9 NP. Besondere Schwierigkeiten im Sinne des in Hessen geltenden Erlasses liegen nicht vor. Marie hat in einem standardisierten Rechtschreibtest PR = 9 erzielt und in einem Intelligenztest IQ = 103.

Ihre Mitschülerin Charlotte erreicht einen etwas schlechteren Prozentrang PR = 7 im Rechtschreibtest, bei einem fast identischen Intelligenztestwert IQ = 104. Durch Beschluss der Klassenkonferenz/Schulleitung wird aufgrund ihrer Lese-Rechtschreibschwierigkeiten (wie bereits in der Sekundarstufe I) auf eine Bewertung der Rechtschreibleistung verzichtet. Bei gleichen inhaltlichen Bewertungen ihrer Aufsätze und Hausarbeiten stellt sie sich in Deutsch, Französisch und Englisch um jeweils 3 NP und in den beiden Sachfächern um jeweils 2 NP besser als Marie. Was das am Ende für die Berechnung der Abiturgesamtnote ausmacht, kann man sich leicht vorstellen. Der Notenschutz hat auch positive Auswirkungen auf Charlottes Lernverhalten. Weil die negativen Rückmeldungen ausbleiben, lässt sie sich nicht so leicht entmutigen wie Marie. Auch bei inhaltlich hervorragend bewerteten Arbeiten erhält Marie aufgrund der jeweils erfolgenden Punktabzüge immer wieder einen Dämpfer.

Im fiktiven Beispiel sind Schülerinnen mit guten und sehr guten Leistungen verglichen worden. Prekärer wirken sich die Punktabzüge im mittleren und unteren Leistungsbereich aus, wenn es um Versetzungen geht oder um Übergänge auf die Sekundarstufe. Keine von beiden Schülerinnen wird später übrigens ein Studienfach wählen, das den aufgeführten Schulfächern entspricht. Den erhofften Studienplatz in Zahnmedizin wird Charlotte bekommen, Marie hingegen nicht.

Und bei Schwierigkeiten im Rechnen?

Rechenstörungen geben in Baden-Württemberg, Berlin, Brandenburg, Bremen, Hamburg, Hessen, Mecklenburg-Vorpommern, Niedersachsen und Schleswig-Holstein Anlass zu Förder- oder Ausgleichsmaßnahmen, die entweder durch separate Erlasse (Berlin und Schleswig-Holstein) oder zusammen mit den Lese-Rechtschreibstörungen geregelt sind. Oft kann mit der individuellen Förderung auch ein Nachteilsausgleich gewährt werden, der allerdings in der Regel auf die Grundschuljahre beschränkt bleibt (z. B. in Bremen, Hessen und Niedersachsen). Notenschutz gibt es nur in wenigen Bundesländern und nur in der Grundschule (Hessen, Niedersachsen, Schleswig-Holstein). Alle Bundesländer halten sich für den Bereich der Sekundarstufe im Wesentlichen an die KMK-Order, wonach das Vorliegen einer Rechenstörung keine Abweichung von den allgemeinen Grundsätzen der Leistungsbewertung rechtfertige – und auch keinen Nachteilsausgleich. Die Begrenzung der besonderen Hilfen auf die Primarstufe sowie das Verweigern eines Notenschutzes wird – wie in den KMK-Grundsätzen – damit begründet, dass erstens Ursache, Entstehung und Ausprägung der Rechenstörungen bislang nicht hinreichend erforscht seien und dass zweitens der Sachverhalt beim Rechnen im Hinblick auf die leistungsmindernde Beeinträchtigung durch eine Rechenstörung anders gelagert sei als beim Lesen und Rechtschreiben.

Während nämlich die Schülerinnen und Schüler mit besonderen Schwierigkeiten im Lesen und Rechtschreiben ihre fachinhaltlichen Kompetenzen auch durch mündliche Beiträge in den Unterricht einbringen sowie durch Inhalt und Sprachstil in ihren schriftlichen Arbeiten überzeugen könnten, sei das im Fach Mathematik nicht ohne Weiteres möglich. Dort sei das Ergebnis fehlerhafter Rechenoperationen meist für den gesamten Aufgabenlösungsprozess und für den gesamten mathematischen Kompetenzerwerb dysfunktional. Mit anderen Worten: Während trotz einer unzureichenden Sprachrichtigkeit in den schriftlichen Arbeiten im Fach Deutsch oder in den Fremdsprachen das jeweilige Kommunikationsziel erreicht werden könne, sei das in Mathematik (und in mathematiknahen Fächern wie Physik) bei unzureichenden Rechenoperationen kaum möglich, da die korrekte Rechenoperation an sich das Lernziel darstellt. Besondere Hilfen und ein Notenschutz könnten bei Rechenstörungen deshalb nicht gewährt werden, wollte man nicht den Grundsatz der gleichen Leistungsbewertung verletzen.

Dem ersten genannten Argument widersprechen Wissenschaftler, die sich mit den Ursachen von und den Interventionsmöglichkeiten bei Rechenschwierigkeiten beschäftigen. Es gibt genügend Forschungsergebnisse zur Spezifität und Genese von Rechenschwierigkeiten (→ Kap. 1), und es gibt mittlerweile Erkenntnisse über Bedingungen und Prinzipien Erfolg versprechender Förderung (→ Kap. 4). Das zweitens aufgeführte Argument mag zwar im Hinblick auf die Bewertungsproblematik zutreffen, schließt aber die Gewährung besonderer Hilfen und Fördermaßnahmen in keiner Weise aus. Wo gezielte Fördermaßnahmen ausbleiben, wird die Chance verpasst, Kindern mit Rechenschwierigkeiten bei der Bewältigung dieser Schwierigkeiten zu helfen. Gerade in den frühen Schuljahren können nachteilsausgleichende und schützende Maßnahmen – wie es einige Bundesländer praktizieren – zur Aufrechterhaltung der Lernmotivation sinnvoll sein. Wo besondere Hilfen und ein Notenschutz auch in den frühen Jahren kategorisch ausgeschlossen bleiben, werden ungünstige Auswirkungen auf die Lernfreude und -motivation sowie auf die Selbstkonzeptentwicklung in Kauf genommen. Gut möglich, dass damit auch ungünstigere Leistungsentwicklungen in den anderen Fächern einhergehen.

Was die *Begrifflichkeiten* in den Erlassen angeht, so stellt sich die Sachlage ganz ähnlich dar wie bei den Lese-Rechtschreibschwierigkeiten. Es ist sowohl von *besonderen Schwierigkeiten* als auch von *Rechenschwächen und -störungen* die Rede und zusätzlich von *Dyskalkulie* – meist werden die Begrifflichkeiten als Synonyme verwendet. Auch zum *diagnostischen Vorgehen* haben jene Bundesländer, die sich zu Rechenschwierigkeiten überhaupt äußern, ähnliche Regelungen getroffen, wie sie im Falle der Lese-Rechtschreibschwierigkeiten gelten. Meist leitet ein *Klassen- oder Fachlehrer* die diagnostischen Maßnahmen ein, und die *Klassenkonferenz und/oder Schulleitung* trifft die notwendigen Entscheidungen über Fördermaßnahmen und Nachteilsausgleich (in der Grundschule ggf. auch zum Notenschutz). In Brandenburg, in Bremen und in Mecklenburg-Vorpommern gibt es, wie bei den Lese-Rechtschreibschwierigkeiten, zentrale schulpsychologische Dienste, die für die Diagnostik zuständig sind. Inhaltliche Vorgaben über die einzusetzenden Testverfahren gibt es – außer in Hamburg – nicht. In Thüringen kann auf den Einsatz von Testverfahren wiederum ganz verzichtet werden (s. o.).

Auch zur *individuellen Förderung* ähneln die Regelungen zu den Rechenschwierigkeiten den für die Lese-Rechtschreibschwierigkeiten bereits skizzierten. Individuelle Förder- oder Lernpläne sind explizit vorgesehen oder empfohlen (außer in Baden-Württemberg und in Brandenburg). Ist eine Rechenschwäche oder -störung diagnostiziert, müssen die Kinder einen speziellen Förderunterricht – so er angeboten wird – auch besuchen. Spezifische Dyskalkulie-Klassen gibt es aber nicht. In Brandenburg und in Niedersachsen enthalten die Erlasse Hinweise auf mögliche Inhalte der Förderung. Dabei geht es nicht nur um das Wiederholen curricularer Inhalte, sondern vor allem um eine Unterstützung beim Erwerb mathematischer Basiskompetenzen zur Entwicklung des Zahlbegriffs und zum Zählen.

Zum *Nachteilsausgleich* und zum Notenschutz ist das Wichtigste bereits gesagt. Wie erwähnt, sind nachteilsausgleichende Maßnahmen schulrechtlich weniger problematisch als der Notenschutz, weil sie ohnehin integrale Bestandteile eines guten adaptiven Unterrichtens sind. Negative Auswirkungen der Rechenschwierigkeiten auf Lernfreude und Lernmotivation können so gemildert werden. Anders als bei den Lese-Rechtschreibschwierigkeiten wird meist nicht ausgeführt, worin die nachteilsausgleichenden Maßnahmen im Einzelnen bestehen könnten. Zeitzuschläge bei schriftlichen Arbeiten sind die wahrscheinlichste Variante. Wo sich der Nachteilsausgleich mit der individuellen Förderung verschränkt, ist in den Erlassen von zusätzlichen Unterrichtsstunden oder von Nachlernfristen, wie in Baden-Württemberg, die Rede. Nur in Ausnahmefällen und an besondere Bedingungen geknüpft, ist ein Nachteilsausgleich noch in der Sekundarstufe I möglich (z. B. in Brandenburg und Mecklenburg-Vorpommern).

Die vereinzelten Regelungen zum *Notenschutz* gehen mit jenen zum Nachteilsausgleich einher. Allerdings ist die Aussetzung der Benotung im Fach Mathematik allenfalls in der Grundschule möglich und auch dort nicht in allen Bundesländern, die sich zu Rechenschwierigkeiten überhaupt äußern. Wenn gleichzeitig eine spezielle Förderung erfolgt, kann beispielsweise in Berlin die Benotung in Mathematik in den Klassenstufen 3 und 4 vollständig ausgesetzt werden. Differenziertere Aussetzungsvarianten sind in Hessen, in Mecklenburg-Vorpommern und in Thüringen möglich. In anderen Bundesländern können relativierende Bemerkungen den Noten hinzugefügt werden (z. B. in Brandenburg). Wo es um Notenschutz im Zusammenhang mit Versetzungen oder Übergängen geht, bleiben die Erlasse unverbindlich. Vage wird auf »Möglichkeiten« und auf »Ausnahmeregelungen« verwiesen.

Sonderpädagogischer Förderbedarf

Im Folgenden geht es um jene Kinder und Jugendlichen, die in den bisherigen Ausführungen explizit ausgeschlossen waren, nämlich um die Schülerinnen und Schüler mit bereichsübergreifenden Lernschwierigkeiten und einer niedrigen Intelligenz. Zur sonderpädagogischen Förderung hat die KMK 1994 allgemeine Empfehlungen ausgesprochen – und in Ergänzung dazu zwischen 1996 und 2000 spezifische Empfehlungen, die sich auf die einzelnen Förderschwerpunkte beziehen. In den Schulgesetzen der Bundesländer findet sich das im Großen und Ganzen genauso wieder. Es wird dabei zwischen acht (bzw. neun) Förderschwerpunkten unterschieden. Für die Ausführungen in diesem Buch sind allein die Ausführungen zum Förderschwerpunkt *Lernen* relevant. Allerdings sind einzelne Bundesländer mittlerweile dazu übergegangen, die drei großen Kategorien Lernen, Sprache sowie Emotionale und soziale Entwicklung zu einem Bereich (LSE) zusammenzufassen.

Im Jahr 2011 hat die KMK die Empfehlungen vor dem Hintergrund der Kinderrechtskonvention und der Behindertenrechtskonvention der Vereinten Nationen (UN-BRK) aktualisiert – ohne die Grundpositionen der *1994er-Empfehlungen* und ihrer Ergänzungen in Frage zu stellen. Neu ist eine grundsätzliche Inklusionsorientierung, also der Vorrang inklusiver Bildungsangebote in allgemeinbildenden Schulen gegenüber einer Unterrichtung an speziellen Sonder- oder Förderschulen. Ausführlich ist deshalb in den *2011er-Empfehlungen* von inklusivem bzw. barrierefreiem Unterricht die Rede und vom notwendigen Nachteilsausgleich im Regelunterricht sowie von der Zulässigkeit des Abweichens von allgemeinen Grundsätzen der Leistungsbewertung in Prüfungssituationen und Abschlussverfahren. Fast überall ist die Inklusionsorientierung bereits in landesrechtliche Regelungen überführt worden.[65] Im Folgenden wird aus Gründen des zu beschränkenden Buchumfanges –

65 Sven Mißling und Oliver Ückert (2014) vom Deutschen Institut für Menschenrechte haben die novellierten Schulgesetze der Bundesländer daraufhin überprüft, inwieweit sie den Anforderungen der UN-BRK gerecht werden. Sie legen dabei vor allem die Kriterien der Verfügbarkeit, der Zugänglichkeit und der Annehmbarkeit

und weil die Inklusionsthematik hier nicht im Zentrum des Interesses steht – nur auf der Basis der beiden KMK-Empfehlungen argumentiert. Zur Illustration werden hin und wieder landesspezifische Regelungen exemplarisch erwähnt. Über den Weg zur inklusiven Schule, den vorangegangenen deutschen Sonderweg der Sonder-/Förderschulen, die sonderpädagogische Förderung im Allgemeinen und die Voraussetzungen sowie Herausforderungen inklusiver Bildung mag man sich an anderer Stelle informieren.[66]

Zum Feststellungsverfahren

In den Empfehlungen der KMK ist von einem »mindestens zweijährigen Schulleistungsrückstand« in Deutsch und Mathematik als Hinweis auf einen sonderpädagogischen Förderbedarf im Förderschwerpunkt Lernen die Rede. In Nordrhein-Westfalen verantwortet und eröffnet die Schulaufsichtsbehörde auf Antrag der Eltern (über die Schule) oder der Schule (nach vorheriger Information der Eltern) das formelle *Feststellungsverfahren* zur Attestierung dieses Bedarfs. In Baden-Württemberg und in Hessen eröffnet die Schulleitung das Feststellungsverfahren. Im Anschluss wird ein Gutachten/eine Empfehlung erstellt, woran Lehrerinnen und Lehrer der vom Kind besuchten allgemeinbildenden Schule, Lehrkräfte einer Förderschule sowie gegebenenfalls schulärztliche Expertinnen und Experten beteiligt sind. Die eigentliche Entscheidung wird von (oder im Einvernehmen mit) der Schulaufsichtsbehörde getroffen und enthält Festlegungen über Ort und Art der sonderpädagogischen Förderung. Eine »federführende« Rolle im Entscheidungsprozess spielen die *Sonder- bzw. Förderschullehrerinnen und -lehrer* (meist aus den überregionalen Beratungs- oder Förderzentren), die im Rahmen ihrer Ausbildung Kenntnisse der sonderpädagogischen Diagnostik erworben haben.

Genauere Ausführungsvorschriften für die Gutachtenlegung sind in aller Regel nicht schulgesetzlich, sondern untergesetzlich in Verwaltungsvorschriften bzw. Richtlinien oder Dokumentationen gere-

inklusiver Bildung an. Ina Döttinger und Nicole Hollenbach-Biele (2015) ergänzen diese Betrachtung um statistische Daten aus den 16 Bundesländern, in denen sich der Grad der Umsetzung der Rechtsvorschriften spiegelt.

66 Arndt & Werning (2015); Becker (2016); Grünke & Greisbach (2013); Klemm (2015); Möller (2013); Schäfer & Rittmeyer (2015).

gelt. Nicht selten sind solche Vorschriften sogar in regionaler Zuständigkeit verfasst worden und kommen innerhalb eines Bundeslandes in unterschiedlicher Weise zur Anwendung. Auf eine Darstellung dieser Vorschriften wird hier verzichtet – sie sehen jedenfalls den Einsatz standardisierter Testverfahren zur Leistungserfassung in Deutsch und Mathematik vor sowie den Einsatz eines *Intelligenztests.*

Klaus Klemm konstatiert in seiner bereits angesprochenen Expertise, dass in den Bundesländern offenbar unterschiedliche Förderbegriffe und Diagnosekriterien zur Anwendung kommen, weil nämlich die Anteile der als sonderpädagogisch förderbedürftig diagnostizierten Kinder und Jugendlichen sich erheblich unterscheiden (→ Kap. 3).[67] Das mag man beklagen, muss es aber nicht, denn auf eine Fortschreibung der herkömmlichen sonderpädagogischen Diagnostik wird die Entwicklung ohnehin nicht hinauslaufen. Jedenfalls wird sich die Funktion des bisherigen Feststellungsverfahrens sonderpädagogischen Förderbedarfs im Förderschwerpunkt Lernen verändern – sofern man den Inklusionsgedanken ernst nimmt.

Im Zuge inklusiver Beschulungspraktiken wird es künftig weniger auf ein kategorial-ausgrenzendes diagnostisches Vorgehen für einige wenige ankommen, sondern vielmehr auf eine sorgfältige Lernstands- und Lernverlaufsdiagnostik für alle Schülerinnen und Schüler mit einer nachfolgend adaptiv-gestuften Form der Individualförderung, wo nötig. Die wenigsten Lehrerinnen und Lehrer der allgemeinbildenden Schulen sind im Rahmen ihrer Ausbildung darauf vorbereitet worden (→ Kap. 7). Auch die Schulgesetze der Bundesländer haben mit dieser Entwicklung nicht Schritt halten können. Einer sonderpädagogischen Diagnostik bedarf es natürlich weiterhin, weil sich die sonderpädagogischen Fördermaßnahmen, die Nachteilsausgleiche und das Abweichen von allgemein verbindlichen Lernzielen sowie von den allgemeinen Grundsätzen der Leistungsbewertung im Regelunterricht im konkreten Einzelfall sachinhaltlich und rechtssicher begründen lassen müssen! Schließlich geht es ganz unabhängig vom Förderort vor allem um die bestmögliche individuelle Lernförderung. Und die basiert notwendigerweise auf einer gründlichen Lernvoraussetzungs- und Lernverlaufsdiagnostik.

67 Vermutlich wäre das für die Anteile der Kinder mit einer diagnostizierten Lese-, Rechtschreib- oder Rechenschwäche bzw. -störung nicht anders. Nur werden solche bundesländerbezogenen Statistiken nicht erstellt.

Zur sonderpädagogischen Förderung

Im Hinblick auf die sonderpädagogische Förderung ist der entscheidende Paradigmenwechsel bereits erwähnt worden: Stellt die KMK 1994 noch fest, dass eine sonderpädagogische Förderung »auch« in allgemeinbildenden Schulen erfolgen könne, so wird 2011 dem »gemeinsamen Lernen« in allgemeinbildenden Schulen der »Vorrang« eingeräumt. Außer in Bayern und Sachsen ist das mittlerweile auch in den Regelungen der Bundesländer so formuliert. In Bremen gibt es inzwischen gar keine Sonder- oder Förderschulen mehr. In den 15 anderen Bundesländern existieren sie weiterhin. Abgesehen von Hamburg wird allerdings in allen Bundesländern für die sonderpädagogische Förderung in allgemeinbildenden Schulen ein so genannter »Ressourcenvorbehalt« formuliert – gelegentlich auch allgemeiner Finanzierungs-, Organisations- oder Kapazitätsvorbehalt genannt. Rechtlich zulässig im Sinne der UN-BRK ist das eigentlich nicht. Es wäre allerdings zu kurz gesprungen, wollte man die unterschiedlichen Inklusionsquoten in den 16 Bundesländern – im Förderschwerpunkt Lernen liegt die Spannweite zwischen vier Prozent in Sachsen und 81 Prozent in Bremen – bereits als Indikatoren mehr oder weniger gelungener Inklusion werten. Entscheidend ist, wie im inklusiven Unterricht tatsächlich mit den besonderen Förderbedarfen der Lernhilfe-Kinder umgegangen wird.

Unterschiedlich detailliert sind die landesrechtlichen Vorgaben, wie die individuelle sonderpädagogische Förderung im Einzelnen zu gestalten sei. Hier steckt der Teufel – um es salopp zu formulieren – jedoch weniger in den Wortlauten der Regelungen, als vielmehr in den Details ihrer unterrichtspraktischen Umsetzung. Nicht zuletzt kommt es auf eine erfolgreiche Kooperation zwischen Personen mit unterschiedlichen Professionen und Qualifikationen an, die an den unterrichtlichen und unterrichtsadditiven Fördermaßnahmen beteiligt sind. In der Theorie sieht das oft einfacher aus, als es in der Praxis ist. Hierzu passt folgendes Bonmot, dessen Urheberschaft ganz unterschiedlichen Personen zugeschrieben wird: »In theory, there is no difference between theory and practice. But, in practice, there is.«

Zum Nachteilsausgleich und zum Notenschutz

Nur wenn vom Grundsatz gleicher Lernziele im gemeinsamen Unterricht in allgemeinbildenden Schulen und von den allgemeinen Grundsätzen der Leistungsbewertung abgewichen wird, ergibt inklusive Bildung überhaupt einen Sinn. »Gemeinsam Verschiedenes lernen« muss nicht nur zulässig sein, sondern ist vielmehr der Kerngedanke inklusiven Unterrichts! Alles andere ist verbale Kosmetik. Außer in Baden-Württemberg wird das zieldifferente Unterrichten in den meisten Landesregelungen – wenn auch mit Einschränkungen versehen – thematisiert und ermöglicht. In Bremen, Hamburg, Bayern und Niedersachsen sogar ohne Einschränkungen. In Hessen ist im gemeinsamen Unterricht sowohl ein zielgleiches als auch ein zieldifferentes Vorgehen möglich. Zieldifferentes Lernen – also ein lernzieladaptives unterrichtliches Vorgehen, wie wir das in → Kap. 3 genannt haben – ist nur eine andere Begrifflichkeit für das Gewähren besonderer Hilfen (Nachteilsausgleich) und das Absehen von allgemeinen Grundsätzen der Leistungsbewertung. Näheres zur Ausgestaltung des zieldifferenten Lernens kann man den Lehrplänen, Curricula und Bildungsstandards entnehmen.

Fazit

Der Umgang mit besonderen Schwierigkeiten beim Lesen, Rechtschreiben oder Rechnen ist im Hinblick auf den Aspekt der individuellen Förderung zuallererst ein (schul-)pädagogisches Problem, eine (schul-)rechtliche Problematik tritt hinzu, sofern ein Abweichen von allgemeinen Grundsätzen der Leistungsbewertung damit verbunden ist. Unstrittig ist, dass manche Kinder und Jugendliche besondere Schwierigkeiten beim Lesen, Rechtschreiben oder Rechnen haben. Sie sind damit gegenüber anderen Kindern und Jugendlichen im Nachteil. Durch den Einsatz standardisierter Testverfahren lassen sich die Betroffenen recht zuverlässig identifizieren. Ebenfalls unstrittig ist, dass sie besonderer Maßnahmen individueller Förderung bedürfen – innerhalb des Unterrichts und darüber hinaus. Auch das unterrichtliche Gewähren von Erleichterungen im Sinne nachteilsausgleichender Maßnahmen (Zeitzuschlag, Hilfsmittel) ist weitgehend konsensfähig, sofern sichergestellt ist, dass alle Kinder und Jugendlichen mit besonderen Schwierigkeiten einen solchen Nachteilsausgleich erhalten. Kontrovers wird seit jeher allerdings die Zulässigkeit und die Berechtigung des Abweichens von den allgemeinen Grundsätzen der Leistungsbewertung diskutiert, also etwa der Verzicht auf die Bewertung der Lese- und Rechtschreibleistung in Klassenarbeiten und sonstigen schriftlichen Ausarbeitungen oder das stärkere Gewichten mündlicher Leistungen. Vor allem im Hinblick auf die Vergleichbarkeit von Abschlusszeugnisnoten werden solche Abweichungen von den allgemeinen Grundsätzen der Leistungsbewertung kritisiert. Für die inklusive und zieldifferente Unterrichtung von Kindern mit sonderpädagogischem Förderbedarf an allgemeinbildenden Schulen gelten diese Kritikpunkte natürlich nicht.

7 Lernschwierigkeiten in der Lehrerbildung

Individuelle Förderung (→ Kap. 3) und inklusives Unterrichten kann nur gelingen, wenn die Lehrerinnen und Lehrer über die dafür notwendigen Kompetenzen verfügen. Das sind zum Beispiel Kompetenzen in den Bereichen der Diagnostik und der Sprachförderung, aber auch Kompetenzen der individuellen Beratung, Unterstützung und Begleitung sowie im Umgang mit Heterogenität überhaupt. Die Konferenz der Kultusminister (KMK) hat das auch erkannt und bereits 2010 sowie 2015 – und zwar gemeinsam mit der Hochschulrektorenkonferenz (HRK) – festgestellt, dass es dazu erheblicher Zusatzanstrengungen in der Lehreraus- und -weiterbildung bedarf. Von einer »qualitativen Weiterentwicklung der Lehrerbildung« ist dort die Rede oder von einer »problemzentrierten Weiterqualifikation« der Lehrkräfte. Mit Blick auf die Inhalte und Zuständigkeiten in der grundständigen Lehrerausbildung wird von einer »Querschnittsaufgabe« gesprochen, der sich die Bildungswissenschaften, Fachdidaktiken und Fachwissenschaften »für alle Lehramtstypen gemeinsam und aufeinander abgestimmt widmen« müssten. Genau!

Eben diese Abstimmung ist allerdings nicht unproblematisch, weil an der Lehrerbildung unterschiedliche Disziplinen beteiligt sind und weil ganz unterschiedliche Traditionen und Interessenlagen deren Agieren bestimmen. Überdies gibt es die allseits bekannten Abstimmungsprobleme zwischen der ersten (universitären) und zweiten (praktischen) Phase der Lehrerbildung sowie im Hinblick auf die inklusive Schule zusätzlich die Abstimmungsbedarfe zwischen Personen verschiedener Lehrämter bzw. mit Personen anderer Berufsgruppen, die für eine professionelle Kooperation notwendig sind. An den universitären Fachbereichen geht es bei solchen Abstimmungen um die Verfechtung eigener Zuständigkeiten und Ausbildungsanteile. Wo die künftigen Konfliktlinien im Hinblick auf die inklusive Schule verlaufen werden, kann man sich leicht vorstellen: Wenn den inklusionsorientierten Fragestellungen in der Ausbildung aller (!) Lehrerinnen und Lehrer ein größeres Gewicht eingeräumt werden soll, dann geht das nur auf Kosten der bisherigen bildungswissenschaftlichen, fachdidaktischen oder fachwissenschaftlichen Inhalte und Anteile.

Natürlich sind die angesprochenen Probleme lösbar. Im Folgenden wird auf der curricular-inhaltlichen Ebene skizziert, welche pädagogischen Basiskompetenzen für den professionellen Umgang mit Heterogenität und mit Lernschwierigkeiten benötigt werden. Im Großen und Ganzen entsprechen sie denjenigen, die zur Gestaltung guten Unterrichts ohnehin notwendig sind. All dies aus der Perspektive eines Pädagogischen Psychologen, die selbstverständlich – je nach Lerninhalt – einer fachdidaktischen Ergänzung unbedingt bedarf. Neben den bereits genannten KMK-Empfehlungen werden dazu vor allem die von der KMK beschlossenen *Standards für die Lehrerbildung: Bildungswissenschaften* betrachtet.[68] Begonnen wird mit den inklusionsbedingten Notwendigkeiten, die sich nicht länger ignorieren lassen. Aber eigentlich geht es um den unterrichtlichen Umgang mit Heterogenität überhaupt.

Sonderpädagogische Förderung

Dass es getrennte Ausbildungsgänge für die angehenden Lehrerinnen und Lehrer an allgemeinbildenden Schulen einerseits sowie an Sonderbzw. Förderschulen (genauer: zum Unterrichten von Kindern mit einem sonderpädagogischen Förderbedarf) andererseits gibt, ist bildungshistorisch leicht zu verstehen, wird aber den Erfordernissen sonderpädagogischer Förderung unter den Bedingungen einer inklusiven Schule nicht mehr gerecht. Auch Lehrerinnen und Lehrer an den allgemeinbildenden Schulen benötigen sonderpädagogische Basiskompetenzen, sofern ihnen nicht arbeitsteilig im Klassenunterricht durch eine sonderpädagogische Fachkraft oder in Zusammenarbeit mit einer überregionalen Stelle die Betreuung und Förderung der Inklusionskinder weitgehend abgenommen wird. Solche Basiskompetenzen sind beispielsweise:

68 KMK (2004, 2014). Ebenfalls dazu: Fischer (2014); Helmke (2015); Mißling & Ückert (2014).

- das Diagnostizieren von Lernvoraussetzungen und Lernprozessen,
- das Planen und Gestalten von Unterricht bei differenten Unterrichtszielen,
- das Erkennen von Lernhindernissen und Lernpotenzialen,
- das Abstimmen von individuellen Lernmöglichkeiten auf die zu stellenden Lernanforderungen,
- das Einleiten spezieller Fördermaßnahmen,
- das formative Beurteilen sowie Basiskenntnisse über die am häufigsten inklusiv unterrichteten Behinderungsarten bzw. Störungsbilder und die damit verbundenen Defizite.

Die KMK hat insbesondere die schulpraktischen Studien als Ausbildungsanteile im Blick, die sich für eine erste Sensibilisierung der Lehramtsstudierenden im Hinblick auf die Notwendigkeit individueller Förderung und für die Vermittlung sonderpädagogischer Basiskompetenzen eignen könnten. Dort lässt sich Heterogenität leicht erfahrbar machen. HRK und KMK haben die Hochschulen und Ministerien – meist sind dies die Wissenschafts- und nicht die Kultusministerien der Bundesländer – dazu aufgefordert, die notwendigen Veränderungen in den lehrerbildenden Studiengängen auf den Weg zu bringen. Von heute auf morgen wird das nicht geschehen.

Für die bereits unterrichtenden Lehrerinnen und Lehrer wäre ein (verpflichtendes) Fortbildungsangebot etwa zum Thema »Lernausgangs- und Lernverlaufsdiagnostik« oder zum Thema »Individuelle Förderung« eine Methode der Wahl, um die angesprochenen sonderpädagogischen Basiskompetenzen zu vermitteln. Mißling und Ückert haben in ihrer Expertise bemängelt, dass dies bislang noch in keinem einzigen Bundesland ernsthaft angegangen wurde. Zuständig für die Fortbildungsverpflichtung wären die Kultusministerien in ihrer Dienstherreneigenschaft, wobei es zuvor vermutlich einer lehrergesetzlichen Regelung bedürfte.

Lernschwierigkeiten

Nicht alles, was über die sonderpädagogische Förderung bzw. über den pädagogischen Umgang mit Kindern mit sonderpädagogischem Förderbedarf (im Bereich Lernen) gesagt wurde, trifft auf den Umgang mit Kindern mit besonderen Schwierigkeiten in den Bereichen des Lesens, Rechtschreibens und Rechnens auch zu. Aber das meiste davon. Denn eine »Schule der Vielfalt«, wie es in der gemeinsamen Empfehlung von KMK und HRK heißt, muss notwendigerweise immer mit Diversität umgehen können, ganz gleich, ob eine Lernbehinderung im Sinne der UN-BRK oder eine Lernschwäche bzw. -störung im Sinne der klinisch-medizinischen Tradition zu dieser Vielfalt gehören.

Alle Lehrerinnen und Lehrer aller Schulformen und Klassenstufen haben es mit Schülerinnen und Schülern zu tun, die mit dem Lesen, Rechtschreiben und/oder Rechnen besondere Schwierigkeiten haben. Das Erkennen solcher Schwierigkeiten, das Planen und Einleiten individueller Fördermaßnahmen sowie die Erfolgskontrolle solcher Maßnahmen gehören deshalb zum Kompetenzprofil der Lehrerinnen und Lehrer. Das heißt nicht unbedingt, dass jede Lehrerin und jeder Lehrer zur professionellen Lernausgangs- und -verlaufsdiagnostik sowie zum Erstellen und Durchführen individueller Förderpläne in der Lage sein müsste. Oft kann das innerhalb einer Schule auch arbeitsteilig organisiert werden. Es heißt aber wohl, dass alle Lehrkräfte in solche Maßnahmen einbezogen sind, Methoden zieldifferenten Unterrichtens kennen und über die Bestimmungen von Nachteilsausgleich und Notenschutz Bescheid wissen. Die Fähigkeiten zum Umgang mit Heterogenität sind dabei eng verknüpft mit den fachlichen und fachwissenschaftlichen Kompetenzen der Lehrerinnen und Lehrer.

Kompetenzen und Standards für die Lehrerbildung

Mareike Kunter und Jürgen Baumert zufolge resultiert professionelles pädagogisches Handeln aus einem Zusammenspiel erstens des gesicherten Professionswissens mit zweitens den professionellen, subjektiven Überzeugungen und Präferenzen sowie drittens der beruflichen Motivation von Lehrpersonen und viertens ihrer Fähigkeit zur Selbstregulation, zum Beispiel im Umgang mit beruflichen Belastungen. Der letzte Aspekt, der selbstregulative Umgang mit beruflichen Belastungen, ist besonders wichtig, damit es nicht zu Erschöpfungszuständen (Burnout) kommt. Und natürlich spielt es eine Rolle, mit welcher Einstellung eine Lehrperson an ihr Fach und an das Unterrichten herangeht. Die für das professionelle Handeln notwendigen professionellen Kompetenzen lassen sich in der Lehrerausbildung erwerben.[69]

69 Baumert & Kunter (2011); Kunter & Trautwein (2013).

Das *gesicherte Professionswissen* setzt sich aus dem Fachwissen, dem fachdidaktischen Wissen und dem pädagogisch-psychologischen Wissen zusammen. Es wird an den Universitäten vermittelt. Notwendigerweise sind die drei Wissensdomänen eng miteinander verschränkt, wenn es um die Planung und Gestaltung unterrichtlicher Lehr-Lern-Prozesse geht. In die Zuständigkeit der Bildungswissenschaften fällt die Vermittlung des pädagogisch-psychologischen Wissens. Das Wissen über *Lernschwierigkeiten* und *wie man im Unterricht damit umgehen kann* gehört dazu. In den KMK-Standards wird auf wissenschaftliche Erkenntnisse verwiesen, an denen die Lehrerinnen und Lehrer die »Planung und Organisation« von Lehr-Lern-Prozessen ausrichten. Um gerecht und verantwortungsbewusst bewerten und beurteilen zu können, benötigen sie als »Fachleute für das Lehren und Lernen« in hohem Maße »pädagogisch-psychologische und diagnostische Kompetenzen«.

Was heißt dies für die Ausbildungsinhalte? Dass neben der (allgemeinen) Didaktik und Methodik zur Gestaltung von Unterricht aus Sicht der Pädagogischen Psychologie vor allem die folgenden Inhalte zu behandeln sind, um Wissen über Lernschwierigkeiten zu vermitteln und einen professionellen Umgang mit Lernschwierigkeiten zu ermöglichen:

1. Lernen, Entwicklung und Sozialisation,
2. Entwicklung der Lern- und Leistungsmotivation,
3. Umgang mit Heterogenität und Maßnahmen der Differenzierung,
4. Diagnostik, Beurteilung und Beratung,
5. Individuelle Förderung,
6. Kommunikation und Konfliktbewältigung,
7. Umgang mit Medien.[70]

Angehende Lehrerinnen und Lehrer sollten die wichtigsten *Lehr-Lern-Theorien* kennen und sie im Hinblick auf ihre Bedeutsamkeit für das unterrichtliche Handeln bewerten können, über allgemeine und differenzielle *Entwicklungsverläufe* von Sprache und Kognition, Motivation, Volition und Emotion Bescheid wissen – und über Geschlechterunter-

70 Natürlich gibt es auch andere bildungswissenschaftliche Inhalte. Im Hinblick auf *Lernschwierigkeiten und wie man im Unterricht damit umgehen kann,* sind sie aber weniger relevant.

schiede im Hinblick auf diese Entwicklungsverläufe. Sie sollten in die Lage versetzt werden, unterschiedliche *Lernvoraussetzungen* der Schülerinnen und Schüler mittels geeigneter diagnostischer Methoden zu erkennen, um Maßnahmen individueller Förderung gezielt planen und einsetzen zu können. Sie benötigen dazu Kenntnisse über Verfahren der Lernausgangslage- und Schulleistungsdiagnostik sowie über die lernprozessbezogene *Diagnostik*. Wo aus der pädagogisch-psychologischen Diagnostik Maßnahmen individueller Förderung abzuleiten sind, sollten Prinzipien und Programme individueller *Lernförderung* in den Bereichen des Lesens und der Rechtschreibung bzw. des Rechnens bekannt sein. Dazu gehören auch Kenntnisse über geeignete Maßnahmen der Binnendifferenzierung und des zieldifferenten Unterrichtens sowie zum jahrgangsübergreifenden Unterricht – die nur in enger Kooperation mit den jeweiligen Fachdidaktiken zu vermitteln sind. Angehende Lehrerinnen und Lehrer sollten Theorien und Gesetzmäßigkeiten des Schriftspracherwerbs sowie des Erwerbs mathematischer Kompetenzen kennen und wissen, welches die möglichen und wahrscheinlichen *Ursachen von Lese-Rechtschreib- und Rechenschwierigkeiten* sind. Sie erwerben im Studium Kenntnisse über die wichtigsten Dimensionen der Unterrichtsqualität sowie über Lehrstrategien und über den Einsatz von Unterrichtsmedien.

Gut zu wissen: Forschung für die Lehrerbildung

Wie man im Unterricht (und darüber hinaus) mit Lernschwierigkeiten umgehen kann, ist in diesem Buch aus einer pädagogisch-psychologischen, auf empirischer Forschung basierenden Sichtweise behandelt worden. Ebenso, welches die möglichen Ursachen von Lernschwierigkeiten sind. Angebote der Lehreraus- und -fortbildung, die in diesem Sinne auf wissenschaftlichen Erkenntnissen beruhen, bedürfen fortlaufender Grundlagen- und Anwendungsforschung in diesem Bereich, wie auch zur Implementationsproblematik, also zu den Bedingungen des Transfers anwendungsbezogener wissenschaftlicher Erkenntnisse in die pädagogische Praxis.

Erfolgversprechend scheinen vor allem Forschungsverbünde, in denen Pädagogische Psychologen, Entwicklungs- und Neuropsychologen, Erziehungswissenschaftler und Fachdidaktiker zusammen arbeiten. Im Frankfurter Forschungszentrum IDeA (http://www.idea-frankfurt.eu)

geschieht dies beispielsweise seit 2008 (Hartmann, Hasselhorn & Gold, in Druck; Hasselhorn et al., 2015) und im Rahmen des BMBF-Forschungsschwerpunkts »Entwicklungsstörungen schulischer Fertigkeiten« (http://www.esf-koordinierung.de) seit 2011 (Hasselhorn & Schulte-Körne, 2015).

Lehrerfortbildung

Lehrer sind auch Lerner. In Lehrerfortbildungen vertiefen und erweitern sie ihre Kompetenzen – was auch notwendig ist, weil sich in Schule und Unterricht Rahmenbedingungen immer wieder ändern, und weil sich auch die Kinder und Jugendlichen, mit denen sie zu tun haben, verändern. Eine regelmäßige Fort- und Weiterbildung ist deshalb eine notwendige Ergänzung jedweder grundständigen Ausbildung in pädagogischen Professionen. Alle oben angesprochenen Inhalte sind auch für Fort- und Weiterbildungsveranstaltungen geeignet. Wo zusätzlich schulrechtliche Fragen tangiert sind (→ Kap. 6), sind die jeweiligen Schulaufsichtsbehörden nicht nur formal, sondern auch inhaltlich die natürlichen Anbieter einer Fortbildungsveranstaltung.

In Studien zu den berufstypischen Belastungsfaktoren werden neben Problemen mit der Klassenführung – Disziplinprobleme werden vor allem von den Berufsanfängern als belastend erlebt – in erster Linie der Umgang mit zunehmend heterogenen Lernvoraussetzungen und Lernfähigkeiten genannt.[71] Beide Aspekte sind entsprechend häufig Gegenstand von Fortbildungsangeboten. Funktional haben die Fortbildungsangebote im Rahmen der Unterrichtsentwicklung ihren Platz, mit dem Ziel einer Verbesserung der Unterrichtsqualität. Andreas Helmke hat mit dem Programm EMU, den *Evidenzbasierten Methoden der Unterrichtsdiagnostik und -entwicklung*, im Auftrag der KMK dafür einen nützlichen Werkzeugkasten zur Verfügung gestellt (http://www.unterrichtsdiagnostik.de).[72] Christian Fischer hat mit Blick auf die individu-

71 Belastend auch: Ein hohes Deputat und eine hohe Interaktionsdichte, Lärm, eine zunehmende Übertragung von Erziehungsaufgaben, eine schwindende elterliche Kooperationsbereitschaft, eine zunehmende Bürokratisierung und Verrechtlichung der pädagogischen Arbeit.

72 Zu Unterrichts- und Schulentwicklung: Helmke (2015); Rolff (2015); Werning & Baumert (2013).

elle Förderung und den inklusiven Unterricht – auf den sich viele Lehrpersonen nur schlecht vorbereitet fühlen – einige Beispiele aufgeführt, wie sich eine Weiterqualifizierung organisieren ließe. Beispielsweise im Sinne der so genannten 4B-Förderspirale des baden-württembergischen Fortbildungskonzepts (Beobachten – Beschreiben – Bewerten – Begleiten), das vor allem auf eine Verbesserung der pädagogischen Diagnostik zielt.[73]

Fazit

Die Vermittlung von Wissen über Lernschwierigkeiten und darüber, wie man im Unterricht (und darüber hinaus) mit Lernschwierigkeiten umgehen kann, ist notwendiger Bestandteil der Lehreraus- und -fortbildung. Es erfordert eine Abstimmung und ein Zusammenwirken der an der Ausbildung beteiligten Disziplinen und Instanzen, damit aus diesem Wissen auch Können – also professionelles pädagogisches Handeln – wird.

73 Fischer (2014).

Literatur

Alloway, T. P. (2010). Working memory and executive function profiles of individuals with borderline intellectual functioning. *Journal of Intellectual Disability Research, 54,* 448–456.

Arndt, A.-K. & Werning, R. (2015). Inklusion als Anlass zur schulweiten Unterrichtsentwicklung. In H.-G. Rolff (Hrsg.), *Handbuch Unterrichtsentwicklung* (S. 511–524). Weinheim: Beltz.

Bar-Kochva, I. & Hasselhorn, M. (2015). In search of methods enhancing fluency in reading: An examination of the relations between time constraints and processes of reading in readers of German. *Journal of Experimental Child Psychology, 140,* 140–157.

Baumeister, R. & Tierney, J. (2012). *Die Macht der Disziplin.* Frankfurt: Campus.

Baumert, J. & Kunter, M. (2011). Das Kompetenzmodell von COACTIV. In M. Kunter, J. Baumert, W. Blum, U. Klusmann, S. Krauss & M. Neubrand (Hrsg.), *Professionelle Kompetenz von Lehrkräften. Ergebnisse des Forschungsprogramms COACTIV* (S. 29–53). Münster: Waxmann.

Becker, U. (2016). Schülerinnen und Schüler mit (sonderpädagogischen) Förderbedarfen. In K. Seifried, S. Drewes & M. Hasselhorn (Hrsg.), *Handbuch Schulpsychologie – Psychologie für die Schule* (S. 140–149). Stuttgart: Kohlhammer.

Berger, N. & Schneider, W. (2011). *Verhaltensstörungen und Lernschwierigkeiten in der Schule.* Paderborn: Schöningh.

Blair, C. & Raver, C. (2014). Closing the achievement gap through modification of neurocognitive and neuroendocrine function: Results from a cluster randomized controlled trial of an innovative approach to the education of children in kindergarten. *PloS One, 9*(11), 1–13.

Blumenthal, Y., Kuhlmann, K. & Hartke, B. (2014). Diagnostik und Prävention von Lernschwierigkeiten im Aptitude Treatment Interaction-(ATI-) und Response to Intervention-(RTI-)Ansatz. In M. Hasselhorn, W. Schneider & U. Trautwein (Hrsg.), *Lernverlaufsdiagnostik* (S. 61–81). Göttingen: Hogrefe.

Bodrova, E. & Leong, D. (2007). *Tools of the mind. The Vygotskian approach to early childhood education* (2nd ed.). Upper Saddle River: Pearson.

Bodrova, E. & Leong, D. J. (2015). Scaffolding self-regulated learning in young children. Lessons from Tools of the Mind. In R. C. Pianta (Ed.), *Handbook of Early Childhood Education* (pp. 352–369). New York: Guilford Press.

Brandenburg, J., Klesczewski, J., Fischbach, A., Büttner, G., Grube, D., Mähler, C. & Hasselhorn, M. (2013). Arbeitsgedächtnisfunktionen von Kindern mit Minderleistungen in der Schriftsprache. *Lernen und Lernstörungen, 2,* 147–159.

Brandenburg, J., Klesczewski, J., Fischbach, A., Schuchardt, K., Büttner, G. & Hasselhorn, M. (2015). Working memory in children with learning disabilities in reading versus spelling: Searching for overlapping and specific cognitive factors. *Journal of Learning Disabilities, 48,* 622–634.

Breznitz, Z. (1997). Effects of accelerated reading rate on memory for text among dyslexic readers. *Journal of Educational Psychology, 89,* 289–297.

Büttner, G. (2016). Beratung bei Schülerinnen und Schülern mit Migrationsgeschichte. In K. Seifried, S. Drewes & M. Hasselhorn (Hrsg.), *Handbuch Schulpsychologie – Psychologie für die Schule* (S. 282–293). Stuttgart: Kohlhammer.

Büttner, G., Gold, A. & Hasselhorn, M. (2010). Optimierung von Gedächtnisleistungen – Bedingungen und Interventionen. In H.-P. Trolldenier, W. Lenhard & P. Marx (Hrsg.), *Brennpunkte der Gedächtnisforschung. Entwicklungs- und pädagogisch-psychologische Perspektiven* (S. 321–335). Göttingen: Hogrefe.

Büttner, G. & Hasselhorn, M. (2011). Learning disabilities: Debates on definitions, causes, subtypes, and responses. *International Journal of Disability, Development and Education, 58,* 75–87.

Buschmann, A. (2011). *Heidelberger Elterntraining zur frühen Sprachförderung. Trainermanual.* München: Elsevier.

Cronbach, L. J. & Snow, R. E. (1977). *Aptitudes and instructional methods: A handbook for research on interactions.* New York: Irvington.

Decristan, J. & Klieme, E. (2016). Schul- und Klassenklima. In K. Seifried, S. Drewes & M. Hasselhorn (Hrsg.), *Handbuch Schulpsychologie – Psychologie für die Schule* (S. 350–359). Stuttgart: Kohlhammer.

Dehaene, S. (1999). *Der Zahlensinn oder Warum wir rechnen können.* Basel: Birkhäuser.

Dehaene, S. (2010). *Lesen. Die größte Erfindung der Menschheit und was dabei in unseren Köpfen passiert.* München: Knaus.

DGKJP (2015). *Diagnostik und Behandlung von Kindern und Jugendlichen mit Lese- und/oder Rechtschreibstörung. Evidenz- und konsensbasierte Leitlinie.* Berlin: AWMF.

Diamond, A. & Lee, K. (2011). Interventions shown to aid executive function development in children 4 to 12 years old. *Science, 333,* 959–964. (Deutsche Übersetzung in S. Kubesch (Hrsg.). (2014), *Exekutive Funktionen und Selbstregulation. Neurowissenschaftliche Grundlagen und Transfer in die pädagogische Praxis* (S. 19–48). Bern: Huber).

Dilling, H., Mombour, W. & Schmidt, M. H. (Hrsg.). (2014). *Internationale Klassifikation psychischer Störungen ICD-10, Kapitel V (F), Klinisch-diagnostische Leitlinien* (9. Auflage). Bern: Huber.

Döttinger, I. & Hollenbach-Biele, N. (2015). *Auf dem Weg zum gemeinsamen Unterricht.* Gütersloh: Bertelsmann.

Ehlert, A., Schroeders, U. & Fritz-Stratmann, A. (2012). Kritik am Diskrepanzkriterium in der Diagnostik von Legasthenie und Dyskalkulie. *Lernen und Lernstörungen, 1,* 169–184.

Elliott, J. G. & Grigorenko, E. L. (2014). *The dyslexia debate.* New York: Cambridge University Press.

Endlich, D., Lenhard, W., Marx, P. & Schneider, W. (2015). Die Würzburger Vorschultest-Batterie – Diagnostik von schriftsprachlichen und mathematischen (Vorläufer-)Fertigkeiten im letzten Kindergartenjahr. In G. Esser, M. Hasselhorn & W. Schneider (Hrsg.), *Diagnostik im Vorschulalter* (S. 107–127). Göttingen: Hogrefe.

Ennemoser, M. (2014). Response-to-Intervention als schulisches Förderkonzept. In G. W. Lauth, M. Grünke & J. C. Brunstein (Hrsg.), *Interventionen bei Lernstörungen: Förderung, Training und Therapie in der Praxis* (S. 505–516). Göttingen: Hogrefe.

Esser, G., Hasselhorn, M. & Schneider, W. (Hrsg.). (2015). *Diagnostik im Vorschulalter.* Göttingen: Hogrefe.

Falkai, P. & Wittchen, H.-U. (Hrsg.). (2015). *Diagnostisches und Statistisches Manual Psychischer Störungen DSM-5.* Göttingen: Hogrefe.

Fischbach, A., Könen, T., Rietz, C. S. & Hasselhorn, M. (2014). What is not working in working memory of children with literacy disorders? Evidence from a three-year-longitudinal study. *Reading and Writing: An Interdisciplinary Journal, 27,* 267–286.

Fischer, C. (2014). *Individuelle Förderung als schulische Herausforderung* (Schriftenreihe des Netzwerk Bildung). Berlin: Friedrich-Ebert-Stiftung.

Fischer, M. Y. & Pfost, M. (2015). Wie effektiv sind Maßnahmen zur Förderung der phonologischen Bewusstheit? *Zeitschrift für Entwicklungspsychologie und Pädagogische Psychologie, 47,* 35–51.

Fletcher, J. M. (2012). Classification and identification of learning disabilities. In B. Y. L. Wong (Ed.). *Learning about learning disabilities* (pp. 1–25). Burlington: Elsevier.

Fletcher, J. M., Stuebing, K. K., Morris, R. D. & Lyon, G. R. (2013). Classification and definition of learning disabilities. In H. L. Swanson, K. Harris, & S. Graham (Eds.). *Handbook of learning disabilities* (2nd ed., pp. 33–50). New York: Guilford Press.

Fritz, A., Ricken, G. & Gerlach, M. (2007). *Kalkulie. Diagnose- und Trainingsprogramm für rechenschwache Kinder.* Berlin: Cornelsen.

Funke, R. (2014). Erstunterricht nach der Methode ›Lesen durch Schreiben‹ und Ergebnisse schriftsprachlichen Lernens: Eine metaanalytische Bestandsaufnahme. *Didaktik Deutsch, 19,* 20–41.

Galuschka, K., Ise, E., Krick, K. & Schulte-Körne, G. (2014). Effectiveness of treatment approaches for children and adolescents with reading disabilities: A meta-analysis of randomized controlled trials. *PLoS One, 9*(8): e105843.

Galuschka, K. & Schulte-Körne, G. (2015). Evidenzbasierte Interventionsansätze und forschungsbasierte Programme zur Förderung der Leseleistung bei Kindern und Jugendlichen mit Lesestörung – Ein systematischer Review. *Zeitschrift für Erziehungswissenschaft, 18,* 473–487.

Gathercole, S. E. & Alloway, T. P. (2008). *Working memory and learning: A practical guide for teachers.* London: Sage.

Gawrilow, C., Guderjahn, L. & Gold, A. (2013). *Störungsfreier Unterricht trotz ADHS.* München: Reinhardt.

Geary, D. C. (2013). Learning disabilities in mathematics: Recent advances. In H. L. Swanson, K. Harris & S. Graham (Eds.), *Handbook of learning disabilities* (2nd ed., pp. 239–255). New York: Guilford Press.

Gold, A. (2010). *Lesen kann man lernen.* Göttingen: Vandenhoeck & Ruprecht.

Gold, A. (2011). *Lernschwierigkeiten.* Stuttgart: Kohlhammer.

Gold, A. (2015a). *Guter Unterricht. Was wir wirklich darüber wissen.* Göttingen: Vandenhoeck & Ruprecht.

Gold, A. (2015b). Lernschwierigkeiten. Wie man einen pädagogisch-psychologischen Dauerbrenner immer wieder aufs Neue befeuern kann. *Zeitschrift für Pädagogische Psychologie, 29,* 123–132.

Gold, A. (2016). Über die Diagnostik und Behandlung von Lernstörungen. *SchulVerwaltung HE/RP, 21* (Heft 1), 17–21.

Gold, A. & Dubowy, M. (2013). *Frühe Bildung. Lernförderung im Elementarbereich.* Stuttgart: Kohlhammer.

Gold, A., Gawrilow, C. & Hasselhorn, M. (2016). Grundlagen schulpsychologischer Diagnostik. In K. Seifried, S. Drewes & M. Hasselhorn (Hrsg.), *Handbuch Schulpsychologie – Psychologie für die Schule* (S. 117–127). Stuttgart: Kohlhammer.

Grünke, M. & Greisbach, M. (2013). Sonderpädagogische Förderung. In F. Petermann (Hrsg.), *Lehrbuch der Klinischen Kinderpsychologie* (S. 755–770). Göttingen: Hogrefe.

Hartke, B. & Diehl, K. (2013). *Schulische Prävention im Bereich Lernen. Problemlösungen mit dem RTI-Ansatz.* Stuttgart: Kohlhammer.

Hartmann, U., Hasselhorn, M. & Gold, A. (Hrsg.). (in Druck). *Entwicklungsverläufe verstehen – Individuelle Förderung wirksam gestalten.* Stuttgart: Kohlhammer.

Hasselhorn, M., Andresen, S., Becker, S., Betz, T., Leuzinger-Bohleber, M. & Schmid, J. (2015). Children at risk of poor educational outcomes: In search of a transdisciplinary theoretical framework. *Child Indicators Research,* 8, 425–438.

Hasselhorn, M. & Büttner, G. (in Druck). Lernstörungen. In U. Hartmann, M. Hasselhorn & A. Gold (Hrsg.), *Entwicklungsverläufe verstehen – Individuelle Förderung wirksam gestalten.* Stuttgart: Kohlhammer.

Hasselhorn, M., Ehm, J.-H., Wagner, H., Schneider, W. & Schöler, H. (2015). *Zusatzförderung von Risikokindern.* Göttingen: Hogrefe.

Hasselhorn, M. & Gold, A. (2013). *Pädagogische Psychologie. Erfolgreiches Lernen und Lehren* (3. Auflage). Stuttgart: Kohlhammer.

Hasselhorn, M., Schneider, W. & Trautwein, U. (Hrsg.). (2014). *Lernverlaufsdiagnostik.* Göttingen: Hogrefe.

Hasselhorn, M. & Schulte-Körne, G. (2015). *Entwicklungsstörungen schulischer Fertigkeiten. Zeitschrift für Erziehungswissenschaft, 18,* 427–430.

Hasselhorn, M. & Zoelch, C. (Hrsg.). (2012). *Funktionsdiagnostik des Arbeitsgedächtnisses.* Göttingen: Hogrefe.

Hattie, J. (2013). *Lernen sichtbar machen.* Baltmannsweiler: Schneider.

Hattie, J. (2014). *Lernen sichtbar machen für Lehrpersonen.* Baltmannsweiler: Schneider.

Helmke, A. (2013). Individualisierung: Hintergrund, Missverständnisse, Perspektiven. *Pädagogik,* Heft 2, 34–37.

Helmke, A. (2015). *Unterrichtsqualität und Lehrerprofessionalität. Diagnose, Evaluation und Verbesserung des Unterrichts* (6., überarbeitete Auflage). Seelze: Klett-Kallmeyer.

Hesse, I. & Latzko, B. (2009). *Diagnostik für Lehrkräfte.* Opladen: Budrich.

IQSH – Institut für Qualitätsentwicklung an Schulen Schleswig-Holstein (Hrsg.). (2011). *Mathe macht stark. Lehrerheft.* Berlin: Cornelsen.

Ise, E. & Schulte-Körne, G. (2013). Symptomatik, Diagnostik und Behandlung der Rechenstörung. *Zeitschrift für Kinder-und Jugendpsychiatrie und Psychotherapie, 41,* 271–282.

Ise, E., Dolle, K., Pixner, S. & Schulte-Körne, G. (2012). Effektive Förderung rechenschwacher Kinder. Eine Metaanalyse. *Kindheit und Entwicklung, 21,* 181–192.

Ise, E., Engel, R. R. & Schulte-Körne, G. (2012). Was hilft bei der Lese-Rechtschreibstörung? Ergebnisse einer Metaanalyse zur Wirksamkeit deutschsprachiger Förderansätze. *Kindheit und Entwicklung, 21,* 122–136.

Jacobs, C., Petermann, F. & Tischler, L. (2013). Rechenstörung. In F. Petermann (Hrsg.), *Lehrbuch der Klinischen Kinderpsychologie* (S. 181–205). Göttingen: Hogrefe.

Jungmann, T. (2014). Sprache. In A. Lohaus & M. Glüer (Hrsg.), *Entwicklungsförderung im Kindesalter* (S. 161–182). Göttingen: Hogrefe.

Kirschner, P. A., Sweller, J. & Clark, R. E. (2006). Why minimal guidance during instruction does not work: An analysis of the failure of constructivist, discovery, problem-based, experiential, and inquiry-based teaching. *Educational Psychologist, 41,* 75–86.

Klauer, K.-J. (2014). Förderung des induktiven Denkens und Lernens. In G. W. Lauth, M. Grünke, J. C. Brunstein, *Interventionen bei Lernstörungen Förderung, Training und Therapie in der Praxis* (2., überarbeitete und erweiterte Auflage, S. 331–340). Göttingen: Hogrefe.

Klauer, K.-J. & Phye, G. (2008). Inductive reasoning: A training approach. *Review of Educational Research, 78,* 85–123.

Klemm, K. & Klemm, A. (2010). *Ausgaben für Nachhilfe – teurer und unfairer Ausgleich für fehlende individuelle Förderung* (Positionspapier). Gütersloh: Bertelsmann.

Klemm, K. (2015). *Inklusion in Deutschland – Daten und Fakten.* Gütersloh: Bertelsmann.

Klemm, K. & Hollenbach-Biele, N. (2016). *Nachhilfeunterricht in Deutschland.* Gütersloh: Bertelsmann.

Klesczewski, J., Brandenburg, J., Fischbach, A., Grube, D., Hasselhorn, M. & Büttner, G. (2015). Working memory functioning in children with poor mathematical skills: Relationships to IQ–achievement discrepancy and additional reading and spelling difficulties. *Zeitschrift für Psychologie,* 223, 83–92.

KMK (1994). *Empfehlungen zur sonderpädagogischen Förderung in den Schulen in der Bundespublik Deutschland* (Beschluss der Kultusministerkonferenz).

KMK (2004, 2014). *Standards für die Lehrerbildung: Bildungswissenschaften* (Beschluss der Kultusministerkonferenz).

KMK (2007). *Grundsätze zur Förderung von Schülerinnen und Schülern mit besonderen Schwierigkeiten im Lesen und Rechtschreiben oder im Rechnen* (Beschluss der Kultusministerkonferenz).

KMK (2011). *Inklusive Bildung von Kindern und Jugendlichen mit Behinderungen in Schulen* (Beschluss der Kultusministerkonferenz).

KMK (2015). *Lehrerbildung für eine Schule der Vielfalt* (Gemeinsame Empfehlung von Hochschulrektorenkonferenz und Kultusministerkonferenz). Berlin: Sekretariat der Ständigen Konferenz der Kultusminister der Länder in der Bundesrepublik Deutschland.

Kocaj, A., Kuhl, P., Kroth, A. J., Pant, H. A. & Stanat, P. (2014). Wo lernen Kinder mit sonderpädagogischem Förderbedarf besser? Ein Vergleich schulischer Kompetenzen zwischen Regel- und Förderschulen in der Primarstufe. *Kölner Zeitschrift für Soziologie und Sozialpsychologie, 66,* 165–191.

Köhler, A., Böning, C., Gottlebe, K. & Lachmann, T. (2005). Vergleich der Erlasse der deutschen Bundesländer zur Förderung von Kindern mit Schwierigkeiten beim Erlernen des Lesens und Rechtschreibens und deren praktische Umsetzung. In T. Lachmann (Hrsg.), *Bildungspolitische Grundlagen für die Diagnose und die schulische Förderung von Kindern mit Lese- und Rechtschreibstörung* (S. 15–62). Leipzig: Leipziger Universitätsverlag.

Krajewski, K. (2014). Förderung des Zahlenverständnisses. In G. W. Lauth, M. Grünke & J. C. Brunstein, *Interventionen bei Lernstörungen – Förderung, Training und Therapie in der Praxis* (S. 199–208). Göttingen: Hogrefe.

Krajewski, K. & Ennemoser, M. (2010). Die Berücksichtigung begrenzter Arbeitsgedächtnisressourcen in Unterricht und Lernförderung. In H.-P. Trolldenier, W. Lenhard & P. Marx (Hrsg.), *Brennpunkte der Gedächtnisforschung. Entwicklungs- und pädagogisch-psychologische Perspektiven* (S. 337–365). Göttingen: Hogrefe.

Krajewski, K., Nieding, G. & Schneider, W. (2008). Kurz- und langfristige Effekte mathematischer Frühförderung im Kindergarten durch das Programm »Mengen, zählen, Zahlen«. *Zeitschrift für Entwicklungspsychologie und Pädagogische Psychologie, 40,* 135–146.

Kubesch, S. (Hrsg.). (2014). *Exekutive Funktionen und Selbstregulation. Neurowissenschaftliche Grundlagen und Transfer in die pädagogische Praxis.* Bern: Huber.

Küspert, P. & Krajewski, K. (2014). Mathematische Kompetenz. In A. Lohaus & M. Glüer (Hrsg.), *Entwicklungsförderung im Kindesalter - Grundlagen, Diagnostik und Intervention* (S. 203–220). Göttingen: Hogrefe.

Kunter, M. & Trautwein, U. (2013). *Psychologie des Unterrichts.* Stuttgart: UTB.

Lambert, K. (2015). *Rechenschwäche. Grundlagen, Diagnostik und Förderung.* Göttingen: Hogrefe.

Lambert, K. & Spinath, B. (2013). Veränderungen psychischer Belastung durch die Förderung von rechenschwachen Kindern und Jugendlichen. *Zeitschrift für Kinder- und Jugendpsychiatrie und Psychotherapie, 41,* 23–34.

Lambert, K. & Spinath, B. (2014). Do we need a special intervention program for children with mathematical learning disabilities or is private tutoring sufficient? *Journal of Educational Research Online, 6*(1), 68–93.

Landerl, K. & Kaufmann, L. (2013). *Dyskalkulie.* München: Reinhardt.

Lauth, G. W., Grünke, M. & Brunstein, J. C. (Hrsg.). (2014). *Interventionen bei Lernstörungen: Förderung, Training und Therapie in der Praxis.* Göttingen: Hogrefe.

Lenhard, W. (2013). *Leseverständnis und Lesekompetenz. Grundlagen - Diagnostik -* Förderung. Stuttgart: Kohlhammer.

Lenhard, A., Lenhard, W. & Klauer, K.-J. (2012). *Denkspiele mit Elfe und Mathis: Förderung des logischen Denkvermögens für Vor- und Grundschulkinder.* Göttingen: Hogrefe.

Lohaus, A. & Glüer, M. (Hrsg.). (2014). *Entwicklungsförderung im Kindesalter.* Göttingen: Hogrefe.

Mahlau, K., Blumenthal, Y., Diehl, K., Schöning, A., Sikora, S., Voß, S. & Hartke, B. (2014). Das Rügener Inklusionsmodell (RIM) – RTI in der Praxis. In M. Hasselhorn, W. Schneider & U. Trautwein (Hrsg.), *Formative Leistungsdiagnostik* (S. 101–126). Göttingen: Hogrefe.

Mähler, C. & Schuchardt, K. (2009). Working memory functioning in children with learning disabilities: Does intelligence make a difference? *Journal of Intellectual Disability Research, 53,* 3–10.

Mähler, C. & Schuchardt, K. (2014). Die Bedeutung des Arbeitsgedächtnisses für den Schriftspracherwerb. In G. Schulte-Körne (Hrsg.), *Legasthenie und Dyskalkulie. Neue Methoden zur Diagnostik und Förderung* (S. 77–86). Winkler: Bochum.

Mähler, C., Jörns, C., Radtke, E. & Schuchardt, K. (2015). Chancen und Grenzen eines Trainings des Arbeitsgedächtnisses bei Kindern mit und ohne Lese-/Rechtschreibschwierigkeiten. *Zeitschrift für Erziehungswissenschaft, 18,* 453–471.

Melby-Lervåg, M. & Hulme, C. (2013). Is working memory training effective? A meta-analytic review. *Developmental Psychology, 49,* 270–291.

Mischel, W. (2015). *Der Marshmallow-Test: Willensstärke, Belohnungsaufschub und die Entwicklung der Persönlichkeit.* München: Siedler.

Mischel, W., Shoda, Y. & Rodriguez, M. L. (1989). Delay of gratification in children. *Science, 244,* 933–938.

Mißling, S. & Ückert, O. (2014). *Inklusive Bildung: Schulgesetze auf dem Prüfstand.* Berlin: Deutsches Institut für Menschenrechte.

Moll, K., Wallner, R. & Landerl, K. (2012). Kognitive Korrelate der Lese-, Leserechtschreib- und der Rechtschreibstörung. *Lernen und Lernstörungen, 1,* 3–15.

Möller, J. (2013). Effekte inklusiver Beschulung aus empirischer Sicht. In J. Baumert, V. Masuhr, J. Möller, T. Riecke-Baulecke, H.-E. Tenorth & R. Werning (Hrsg.), *Inklusion. Forschungsergebnisse und Perspektiven* (Schulmanagement-Handbuch, 146, S. 15–34). München: Oldenbourg.

Naegele, I. M. & Valtin, R. (2003). *LRS – Legasthenie in den Klassen 1–10* (Bd. 1). Weinheim: Beltz.

Philipp, M. (2013). *Lese- und Schreibunterricht.* Tübingen: Francke.

Philipp, M., Brändli, M. & Kirchhofer, K. C. (2014). *Kooperatives Lesen. Lesefluss, Textverstehen und Lesestrategien verbessern.* Seelze: Kallmeyer.

Philipp, M. & Schilcher, A. (2012). *Selbstreguliertes Lesen – Ein Überblick über wirksame Leseförderansätze.* Seelze: Kallmeyer.

Poloczek, S., Büttner, G. & Hasselhorn, M. (2012). Relationships between working memory and academic skills: Are there differences between children with intellectual disabilities and typically developing children? *Journal of Cognitive Education and Psychology, 11,* 20–38.

Rauch, W. A., Gold, A. & Schmitt, K. (2012). Combining cognitive and personality measures of impulse control in the assessment of childhood ADHD. *European Journal of Psychological Assessment, 28,* 208–215.

Rolff, H.-G. (Hrsg.). (2015). *Handbuch Unterrichtsentwicklung.* Weinheim: Beltz.

Rosebrock, C., Nix, D., Rieckmann, C. & Gold, A. (2014). *Leseflüssigkeit fördern. Lautleseverfahren für die Primar- und Sekundarstufe* (3. Auflage). Seelze: Klett Kallmeyer.

Ruberg, T. & Rothweiler, M. (2012). *Spracherwerb und Sprachförderung in der KiTa.* Stuttgart: Kohlhammer.

Schäfer, H. & Rittmeyer, C. (2015). *Handbuch inklusive Diagnostik.* Weinheim: Beltz.

Scheerer-Neumann, G. (2015). *Lese-Rechtschreib-Schwäche und Legasthenie – Grundlagen, Diagnostik und Förderung.* Stuttgart: Kohlhammer.

Schneider, W. & Küspert, P. (2014). Förderung von phonologischer Bewusstheit. In G. W. Lauth, M. Grünke & J. C. Brunstein (Hrsg.), *Interventionen bei Lernstörungen: Förderung, Training und Therapie in der Praxis* (S. 139–149). Göttingen: Hogrefe.

Schneider, W., Küspert, P. & Krajewski, K. (2013). *Die Entwicklung mathematischer Kompetenzen.* Paderborn: Schöningh.

Schneider, W. & Marx, P. (2008). Früherkennung und Prävention von Lese-Rechtschreibschwierigkeiten. In F. Petermann & W. Schneider (Hrsg.), *Angewandte Entwicklungspsychologie, C/V/7, Enzyklopädie der Psychologie* (S. 237–273). Göttingen: Hogrefe.

Schneider, W., Roth, E. & Ennemoser, M. (2000). Training phonological skills and letter knowledge in children at risk for dyslexia: A comparison of three kindergarten intervention programs. *Journal of Educational Psychology, 92,* 284–295.

Schründer-Lenzen, A. (2013). *Schriftspracherwerb.* Wiesbaden: Springer VS.

Schuchardt, K., Gebhardt, M. & Mähler, C. (2010). Working memory functions in children with different degrees of intellectual disability. *Journal of Intellectual Disabilities Research, 54,* 346–353.

Schuchardt, K., Mähler, C. & Hasselhorn, M. (2010). Arbeitsgedächtnisfunktionen bei rechenschwachen Kindern mit und ohne Dyskalkuliediagnose. *Psychologie in Erziehung und Unterricht, 57,* 290–298.

Schulte, E. & Souvignier, E. (2013). Der Lese-Sportler. Ein Programm für individuelle Leseförderung. *Die Grundschulzeitschrift, 27,* 58–61.

Seiz, J., Decristan, J., Kunter, M. & Baumert, J. (in Druck). Differenzielle Effekte von Klassenführung und Unterstützung für Schülerinnen und Schüler mit Migrationshintergrund. *Zeitschrift für Pädagogische Psychologie.*

Shipstead, Z., Hicks, K. L. & Engle, R. W. (2012). Cogmed working memory training: Does the evidence support the claims? *Journal of Applied Research in Memory and Cognition, 1,* 185–193.

Shoda, Y., Mischel, W. & Peake, P. K. (1990). Predicting adolescent cognitive and self-regulatory competencies from preschool delay of gratification. *Developmental Psychology, 26,* 978–986.

Souvignier, E. (2009). Effektivität von Interventionen zur Verbesserung des Leseverständnisses. In W. Lenhard & W. Schneider (Hrsg.), *Diagnose und Förderung des Leseverständnisses* (S. 185–206). Göttingen: Hogrefe.

Souvignier, E., Förster, N. & Zeuch, N. (2016). Lernverlaufsdiagnostik. In K. Seifried, S. Drewes & M. Hasselhorn (Hrsg.), *Handbuch Schulpsychologie – Psychologie für die Schule* (S. 231–240). Stuttgart: Kohlhammer.

Souvignier, E., Förster, N. & Salaschek, M. (2014). Quop: Ein Ansatz internetbasierter Lernverlaufsdiagnostik mit Testkonzepten für Lesen und Mathematik. In M. Hasselhorn, W. Schneider & U. Trautwein (Hrsg.), *Lernverlaufsdiagnostik* (S. 239–256). Göttingen: Hogrefe.

Souvignier, E., Förster, N. & Schulte, E. (2014). Wirksamkeit formativen Assessments – Evaluation des Ansatzes der Lernverlaufsdiagnostik. In M. Hasselhorn, W. Schneider & U. Trautwein (Hrsg.), *Lernverlaufsdiagnostik* (S. 221–237). Göttingen: Hogrefe.

Stanovich, K. E. (2005). The future of a mistake: Will discrepancy measurement continue to make the learning disabilities field a pseudoscience? *Learning Disabilities Quarterly, 28,* 103–106.

Steinbrink, C. & Lachmann, T. (2014). *Lese-Rechtschreibstörung.* Berlin: Springer.

Sternberg, R. J. & Grigorenko, E. L. (2002). Difference scores in the identification of children with learning disabilities: It's time to use a different method. *Journal of School Psychology, 40,* 65–83.

Swanson, H. L. (2013). Meta-analysis of research on children with learning disabilities. In H. L. Swanson, K. Harris, & S. Graham (Eds.). *Handbook of learning disabilities* (2nd ed., pp. 627–642). New York: Guilford Press.

Swanson, H. L., Harris, K. & Graham, S. (Eds.). (2013). *Handbook of learning disabilities* (2nd ed.). New York: Guilford Press.

Sweller, J., van Merrienboer, J. J. G. & Paas, F. G. W. (1998). Cognitive architecture and instructional design. *Educational Psychology Review, 10,* 251–298.

Valtin, R. (1998). Der »neue« Methodenstreit oder: (Was) können wir aus der amerikanischen Leseforschung lernen? In H. Ballhorn, H. Bartnitzky, I. Büchner & A. Speck-Hamdan (Hrsg.), *Schatzkiste Sprache 1. Von den Wegen der Kinder in die Schrift* (S. 63–80). Frankfurt: Arbeitskreis Grundschule.

Valtin, R. (2001). Von der klassischen Legasthenie zur LRS – notwendige Klarstellungen. In I. M. Naegele & R. Valtin (Hrsg.), *LRS in den Klassen 1–10* (Bd. 2, S. 16–35). Weinheim: Beltz.

Valtin, R. (2012). Increasing awareness of phonological awareness – helpful or misleading? In S. Suggate & E. Reese (Eds.), *Contemporary debates in child development and education* (S. 227–237). London, New York: Routlegde.

von der Groeben, A. (2013). *Verschiedenheit nutzen. Aufgabendifferenzierung und Unterrichtsplanung.* Berlin: Cornelsen.

von der Groeben, A. (2015). Schulen lernen Individualisierung. In H.-G. Rolff (Hrsg.)., *Handbuch Unterrichtsentwicklung* (S. 268–285). Weinheim: Beltz.

Warnke, A. & Baier, E. (2013). Umschriebene Lese-Rechtschreibstörung. In F. Petermann (Hrsg.), *Lehrbuch der klinischen Kinderpsychologie* (S. 165–180). Göttingen: Hogrefe.

Werning, R. & Baumert, J. (2013). Inklusion entwickeln: Leitideen für Schulentwicklung und Lehrerbildung. In J. Baumert, V. Masuhr, J. Möller, T. Riecke-Baulecke, H.-E. Tenorth & R. Werning (Hrsg.), *Inklusion. Forschungsergebnisse und Perspektiven* (Schulmanagement-Handbuch, 146, S. 38–55). München: Oldenbourg.

Wild, E., Schwinger, M., Lütje-Klose, B., Yotyodying, S., Gorges, J., Stranghöner, D., Neumann, P., Serke, B. & Kurnitzki, S. (2015). Schülerinnen und Schüler mit dem Förderschwerpunkt Lernen in inklusiven und exklusiven Förderarrangements: Erste Befunde des BiLieF-Projektes zu Leistung, sozialer Integration, Motivation und Wohlbefinden. *Unterrichtswissenschaft, 43,* 7–21.

Wirth, A., Reinelt, T., Gawrilow, C. & Rauch, W. A. (2015). Selbstkontrolle in der Schule: Der Zusammenhang von geringer Selbstkontrolle und schlechten Schulleistungen bei Kindern mit ADHS. *Lernen und Lernstörungen, 4,* 245–259.

Wolf, K., Schroeders, U. & Kriegbaum, K. (2016). Metaanalyse zur Wirksamkeit einer Förderung der phonologischen Bewusstheit in der deutschen Sprache. *Zeitschrift für Pädagogische Psychologie,* 30, 9–33.

Wolf, M. (2009). *Das lesende Gehirn. Wie der Mensch zum Lesen kam – und was es in unseren Köpfen bewirkt.* Heidelberg: Spektrum.

Wong, B., Harris, K. R., Graham, S. & Butler, D. L. (2003). Cognitive strategies instruction research in learning disabilities. In H. L. Swanson, K. R. Harris & S. Graham (Eds.), *Handbook of learning disabilities* (pp. 383–402). New York: Guilford Press.

Zielinski, W. (1995). *Lernschwierigkeiten.* Stuttgart: Kohlhammer.

Züchner, I. & Fischer, N. (2014). Kompensatorische Wirkungen von Ganztagsschulen – Ist die Ganztagsschule ein Instrument zur Entkopplung des Zusammenhangs von sozialer Herkunft und Bildungserfolg? *Zeitschrift für Erziehungswissenschaft, 17,* 349–367.

Testverfahren, Förderprogramme und Trainings

Testverfahren

BASIS MATH 4–8
Moser Opitz, E., Reusser, L., Moeri, M., Anliker, B., Wittich, C. & Freesemann, O. (2010). *Basisdiagnostik Mathematik für die Klassen 4–8 (BASIS MATH 4–8).* Göttingen: Hogrefe.

CFT 1
Cattell, R. B., Weiß, R. H. & Osterland, J. (1997). *Grundintelligenztest Skala 1 (CFT 1).* Göttingen: Hogrefe.

CFT 20
Weiß, R. H. (1998). *Grundintelligenztest Skala 2 (CFT 20) mit Wortschatztest (WS) und Zahlenfolgentest (ZF).* Göttingen: Hogrefe.

DEMAT 1+
Krajewski, K., Küspert, P. & Schneider, W. (2002). *Deutscher Mathematiktest für erste Klassen (DEMAT 1+).* Göttingen: Hogrefe.

DEMAT 2+
Krajewski, K., Liehm, S. & Schneider, W. (2004). *Deutscher Mathematiktest für zweite Klassen (DEMAT 2+).* Göttingen: Hogrefe.

DEMAT 3+
Roick, T., Gölitz, D. & Hasselhorn, M. (2004). *Deutscher Mathematiktest für dritte Klassen (DEMAT 3+).* Göttingen: Hogrefe.

DEMAT 4
Gölitz, D., Roick, T. & Hasselhorn, M. (2006). *Deutscher Mathematiktest für vierte Klassen (DEMAT 4).* Göttingen: Hogrefe.

DEMAT 5+
Götz, L., Lingel, K. & Schneider, W. (2013). *Deutscher Mathematiktest für fünfte Klassen (DEMAT 5+).* Göttingen: Hogrefe.

DEMAT 6+
Götz, L., Lingel, K. & Schneider, W. (2013). *Deutscher Mathematiktest für sechste Klassen (DEMAT 6+).* Göttingen: Hogrefe.

DEMAT 9
Schmidt, S., Ennemoser, M. & Krajewski, K. (2013). *Deutscher Mathematiktest für neunte Klassen (DEMAT 9).* Göttingen: Hogrefe.

DERET 1–2+
Stock, C. & Schneider, W. (2008). *Deutscher Rechtschreibtest für das erste und zweite Schuljahr (DERET 1–2+).* Göttingen: Hogrefe.

DERET 3–4+
Stock, C. & Schneider, W. (2008). *Deutscher Rechtschreibtest für das dritte und vierte Schuljahr (DERET 3–4+).* Göttingen: Hogrefe.

DERET 5–6+
Martinez Méndez, R., Schneider, M. & Hasselhorn, M. (2015). *Deutscher Rechtschreibtest für das fünfte und sechste Schuljahr (DERET 5–6+).* Göttingen: Hogrefe.

DIRG
Grube, D., Weberschock, U., Blum, M. & Hasselhorn, M. (2010). *Diagnostisches Inventar zu Rechenfertigkeiten im Grundschulalter (DIRG).* Göttingen: Hogrefe.

ELFE 1–6
Lenhard, W. & Schneider, W. (2006). *Leseverständnistest für Erst- bis Sechstklässler (ELFE 1–6).* Göttingen: Hogrefe.

ERT 1+
Schaupp, H., Holzer, N. & Lenart, F. (2007). *Eggenberger Rechentest 1+. Diagnostikum für Dyskalkulie für das Ende der 1. Schulstufe bis Mitte der 2. Schulstufe (ERT 1+).* Bern: Huber.

ERT 2+
Lenart, F., Holzer, N. & Schaupp, H. (2008). *Eggenberger Rechentest 2+. Diagnostikum für Dyskalkulie für das Ende der 2. Schulstufe bis Mitte der 3. Schulstufe (ERT 2+).* Bern: Huber.

ERT 3+
Holzer, N., Schaupp, H. & Lenart, F. (2010). *Eggenberger Rechentest 3+. Diagnostikum für Dyskalkulie für das Ende 3. Schulstufe bis Mitte 4. Schulstufe (ERT 3+).* Bern: Huber.

ERT 4+
Schaupp, H., Holzer, N. & Lenhart, F. (2010). *Eggenberger Rechentest 4+. Diagnostikum für Dyskalkulie für das Ende der 4. Schulstufe bis Mitte der 5. Schulstufe (ERT 4+).* Bern: Huber.

FLVT 5–6
Souvignier, E., Trenk-Hinterberger, I., Adam-Schwebe, S. & Gold, A. (2008). *Frankfurter Leseverständnistest (FLVT 5–6).* Göttingen: Hogrefe.

HRT 1–4
Haffner, J., Baro, K., Parzer, P. & Resch, F. (2005). *Heidelberger Rechentest (HRT 1–4).* Göttingen: Hogrefe.

HSP
May, P. (2012). *Hamburger Schreib-Probe 1–10 (HSP 1–10).* Göttingen: Hogrefe.

LDL
Walter, J. (2010). *Lernfortschrittsdiagnostik Lesen (LDL). Ein curriculumbasiertes Verfahren.* Göttingen: Hogrefe.

LESEN 6–7
Bäuerlein, K., Lenhard, W. & Schneider, W. (2012). *Lesen ermöglicht Sinnentnahme 6–7 (LESEN 6–7).* Göttingen: Hogrefe.

LESEN 8–9
Bäuerlein, K., Lenhard, W. & Schneider, W. (2012). *Lesen ermöglicht Sinnentnahme 8–9 (LESEN 8–9).* Göttingen: Hogrefe.

LGVT 6–12
Schneider, W., Schlagmüller, M. & Ennemoser, M. (2007). *Lesegeschwindigkeits- und -verständnistest für die Klassen 6–12 (LGVT 6–12).* Göttingen: Hogrefe.

LVD-M 2–4
Strathmann, A. M. & Klauer, K.-J. (2012). *Lernverlaufsdiagnostik – Mathematik für zweite bis vierte Klassen (LVD-M 2–4).* Göttingen: Hogrefe.

RZD 2–6
Jacobs, C. & Petermann, F. (2014). *Rechenfertigkeiten- und Zahlenverarbeitungs-Diagnostikum für die 2.–6. Klasse (RZD 2–6).* Göttingen: Hogrefe.

SLS 1–4
Mayringer, H. & Wimmer, H. (2003). *Salzburger Lesescreening für die Klassenstufen 1–4 (SLS 1–4.).* Bern: Huber.

VSL
Walter, J. (2013). *Verlaufsdiagnostik sinnerfassenden Lesens (VSL).* Göttingen: Hogrefe.

WISC IV
Petermann, F. & Petermann, U. (Hrsg.). (2011). *Wechsler Intelligence Scale for Children – Fourth Edition (WISC-IV).* Frankfurt: Pearson.

WLLP-R
Schneider, W., Blanke, I., Faust, V. & Küspert, P. (2011). – *Würzburger Leise Leseprobe – Revision (WLLP-R).* Göttingen: Hogrefe.

WRT 2+
Birkel, P. (2007). *Weingartener Grundwortschatz. Rechtschreibtest für 2. und 3. Klassen (WRT 2+).* Göttingen: Hogrefe.

WRT 3+
Birkel, P. (2007). *Weingartener Grundwortschatz. Rechtschreibtest für 3. und 4. Klassen (WRT 3).* Göttingen: Hogrefe.

WRT 4+
Birkel, P. (2007). *Weingartener Grundwortschatz. Rechtschreibtest für 4. und 5. Klassen der Grund- und Hauptschule (WRT 4+).* Göttingen: Hogrefe.

WVT
Endlich, D., Berger, N., Küspert, P., Lenhard, W., Marx, P., Weber, J. & Schneider, W. (2016). *Würzburger Vorschultest* (WVT). Göttingen: Hogrefe

ZAREKI
Aster, M. G. v., Weinhold-Zulauf, M. & Horn, R. (2006). *Neuropsychologische Testbatterie für Zahlenverarbeitung und Rechnen bei Kindern (ZAREKI-R).* Frankfurt: Harcourt.

Förderprogramme und Trainings

Denkspiele mit Elfe und Mathis
Lenhard, A., Lenhard, W. & Klauer, K.-J. (2012). *Denkspiele mit Elfe und Mathis.* Göttingen: Hogrefe.

Dortmunder Zahlenbegriffstraining
Moog, W. & Schulz, A. (2005). *Zahlen begreifen. Diagnose und Förderung bei Kindern mit Rechenschwäche* (2. Auflage). Weinheim: Beltz.

Flüssig lesen lernen
Tacke, G. (2012a). *Flüssig lesen lernen 1/2 – Für das Üben im Unterricht und in Fördergruppen.* Stuttgart: Klett.

Tacke, G. (2012b). *Flüssig lesen lernen 1/2 – Für das Üben zu Hause.* Stuttgart: Klett.

Tacke, G. (2012c). *Flüssig lesen lernen 2/3 – Für das Üben zu Hause.* Stuttgart: Klett.

Tacke, G. (2012d). *Flüssig lesen lernen 1/2 – Schülerleseheft.* Stuttgart: Klett.

Tacke, G. (2013a). *Flüssig lesen lernen 2/3 – Für das Üben im Unterricht und in Fördergruppen.* Stuttgart: Klett.

Tacke, G. (2013b). *Flüssig lesen lernen. Schülerleseheft. Schuljahr 2/3. Neubearbeitung.* Stuttgart: Klett.

HET
Buschmann, A. (2011). *Heidelberger Elterntraining zur frühen Sprachförderung – Trainermanual.* München: Elsevier.

HIT
Buschmann, A. & Jooss, B. (2010). Alltagsintegrierte Sprachförderung in Krippe und Kindergarten – Das »Heidelberger Trainingsprogramm«. *LOGOS Interdisziplinär, 18,* 84–95.

Hören, lauschen, lernen
Küspert, P. & Schneider, W. (1999). *Hören, lauschen, lernen – Sprachspiele für Kinder im Vorschulalter.* Göttingen: Vandenhoeck & Ruprecht.

Hören, lauschen, lernen 2
Plume, E. & Schneider, W. (2004). *Hören, lauschen, lernen 2 – Spiele mit Buchstaben und Lauten für Kinder im Vorschulalter.* Göttingen: Vandenhoeck & Ruprecht.

Kalkulie
Fritz, A., Ricken, G. & Gerlach, M. (2007). *Kalkulie – Diagnose- und Trainingsprogramm für rechenschwache Kinder.* Berlin: Cornelsen.

Kieler Leseaufbau
Dummer-Smoch, L. & Hackethal, R. (2008). *Kieler Leseaufbau.* Kiel: Veris.

Kieler Rechtschreibaufbau
Dummer-Smoch, L. & Hackethal, R. (2001). *Kieler Rechtschreibaufbau – Handbuch* (4. überarbeitete Auflage). Kiel: Veris.

Lautarium
Klatte, M., Steinbrink, C., Bergström, K. & Lachmann, T. (2016). Lautarium – ein computerbasiertes Trainingsprogramm für Grundschulkinder mit Lese-Rechtschreibschwierigkeiten. In: M. Hasselhorn & W. Schneider (Hrsg.), *Förderprogramme für Vor- und Grundschule* (S. 115–141). Göttingen: Hogrefe.

Lautgetreue Lese-Rechtschreibförderung
Reuter-Liehr, C. (2008). *Lautgetreue Lese-Rechtschreibförderung.* Bochum: Winkler.

Lautlese-Tandems
Rosebrock, C., Nix, D., Rieckmann, C. & Gold, A. (2014). *Leseflüssigkeit fördern. Lautleseverfahren für die Primar- und Sekundarstufe* (3. Auflage). Seelze: Friedrich.

Lesedetektive
Rühl, K. & Souvignier, E. (2006). *Wir werden Lesedetektive – Lehrermanual & Arbeitsheft.* Göttingen: Vandenhoeck & Ruprecht.

Lese-Sportler
Schulte, E. & Souvignier, E. (2013). Der Lese-Sportler. Ein Programm für individuelle Leseförderung. *Die Grundschulzeitschrift, 27,* 58–61.

Lobo vom Globo – Kindergartenprogramm
Fröhlich, L. P., Metz, D. & Petermann, F. (2010). *Förderung der phonologischen Bewusstheit und sprachlicher Kompetenzen – Das Lobo-Kindergartenprogramm.* Göttingen: Hogrefe.

Marburger Rechtschreibtraining
Schulte-Körne, G. & Mathwig, F. (2013). *Das Marburger Rechtschreibtraining – Ein regelgeleitetes Förderprogramm für rechtschreibschwache Schüler.* Bochum: Winkler.

MARKO-T
Gerlach, M., Fritz, A. & Leutner, D. (2013). MARKO-T: *Mathematik und Rechenkonzepte im Vorschul- und frühen Grundschulalter – Training.* Göttingen: Hogrefe.

MORPHEUS
Kargl, R. & Purgstaller, C. (2010). *MORPHEUS – Morphemunterstütztes Grundwortschatz-Segmentierungstraining.* Göttingen: Hogrefe.

MZZ
Krajewski, K., Nieding, G. & Schneider, W. (2007). *Mengen, zählen, Zahlen – Die Welt der Mathematik verstehen (MZZ).* Berlin: Cornelsen.

PHONIT
Stock, C. & Schneider, W. (2011). *PHONIT – Ein Trainingsprogramm zur Verbesserung der phonologischen Bewusstheit und Rechtschreibleistung im Grundschulalter.* Göttingen: Hogrefe.

PotsBlitz
Ritter, C. & Scheerer-Neumann, G. (2009). *PotsBlitz – Das Potsdamer Lesetraining.* Köln: ProLog.

Textdetektive
Gold, A., Mokhlesgerami, J. Rühl, K., Schreblowski, S. & Souvignier, E. (2004). *Wir werden Textdetektive – Lehrermanual & Arbeitsheft.* Göttingen: Vandenhoeck & Ruprecht.

WorT
Berger, N., Küspert, P., Lenhard, W., Marx, P., Schneider, W. & Weber, J. (2009). *Würzburger orthografisches Training.* Berlin: Cornelsen.

Register